KB037744

회사생활에도 예절이 필요합니다

무개념 인간들에게 바치는
개념머리 예절책

회사생활에도 예절이 필요합니다

초판 1쇄 발행 2023년 5월 30일
초판 2쇄 발행 2024년 6월 30일

지은이 명대성

펴낸이 박세현
펴낸곳 팬덤북스

기획 편집 곽병완
디자인 김민주
마케팅 전창열
SNS 홍보 신현아

주소 (우)14557 경기도 부천시 조마루로 385번길 92 부천테크노밸리유1센터 1110호

전화 070-8821-4312 | **팩스** 02-6008-4318
이메일 fandombooks@naver.com
블로그 http://blog.naver.com/fandombooks

출판등록 2009년 7월 9일(제386-251002009000081호)

ISBN 979-11-6169-250-0 03320

* 이 책은 저작권법에 따라 보호받는 저작물이므로 무단전재와 무단복제를 금지하며,
  이 책 내용의 전부 또는 일부를 이용하려면 반드시 출판사 동의를 받아야 합니다.
* 책값은 뒤표지에 있습니다.
* 잘못된 책은 구입처에서 바꿔드립니다.
* 이 도서는 《무개념 인간들 예의 바르게 한 방 먹이는 회사생활예절》의 개정판입니다.

회사생활에도 예절이 필요합니다

무개념 인간들에게 바치는
개념머리 예절책

팬덤북스

회사생활에도
예절이
필요하다고?

이런 스마트한 시대에 회사생활예절 따위를 가지고 사람을 평가한다는 것 자체가 "너무 시대에 뒤떨어지는 발상 아닌가요?"라고 묻는 사람들이 있다. 이런 발언은 직급을 떠나 사람 사이의 관계를 좋게 만드는 데 도움이 되지 않는다. 후배가 선배에게, 선배가 후배에게 지켜야 할 거리를 지키지 않으면 둘 다 무개념이다. 나이와 직급을 떠나 개념 없는 인간은 다 꼰대다.

세대를 달리하면서 생각이나 행동 양식이 변하는 것은 자연스러운 일이지만 예절을 파괴하는 것은 인간관계 파괴자, 그 이상도 그 이하도 아니다. 20년 전, 10년 전, 5년 전에도 예의를 지키지 않은 사람들은 개념 없는 인간일 뿐이었다.

L기업 인사팀 박 상무는 정상적인 기업 문화를 가진 곳이라면 개인의 업무능력 한 가지만으로 직원을 평가하지 않는다고 분명하게 선을 긋는다. 예의 없는 직원이 일을 잘하는 경우도 드물지만, 일을 잘하고 출중한 능력을 지녔다고 해도 예의 없는 사람이 회사에서 좋은 평가를 받

기란 어렵다고 한다. 직급을 떠나 타인을 존중하지 않는 사람은 회사의 건강한 조직문화와 인간관계, 리더십을 망치고 장기적으로는 회사에 손해를 끼친다.

회사생활을 잘하기 위해서는 회사생활에서 변하는 것과 변하지 않는 것의 이해가 필요하다. 복장이나 헤어스타일, 개인적인 사고 같은 것들은 변화가 파격적이어도 자연스러운 세대의 흐름으로 인식하지만 기본적인 예의는 다르다. 예의 없음은 혁신이나 변화가 아니라 그저 예의 없고 개념 없는 행동일 뿐이다.

"신입사원에게 가장 필요한 덕목은 무엇인가?"라는 질문에 '인성과 예의'라는 응답이 독보적이었다. 결국 신입사원에게는 업무능력보다 태도와 자세가 중요하다. 직급을 떠나 예의는 직장생활에서 삭제시킬 수 있는 문화가 아니다. 이런 조사결과는 흔하고, 특정 직급, 특정 나이대 이상의 응답이 아니라 구성원 전체의 응답이다. 이 책의 집필을 위해 만났던 사람들이나 인터뷰 내용만 봐도 직장인에게 필요한 능력 중 예절이라는 응답은 일반적으로 노출된 결과들보다 더 많았다.

예절을 지키는 일에 직급 고하나 기간이 있을 수 없다. 하지만 특별히 잘 먹히는 시기가 있다. 바로 신입사원 꼬리표를 달고 있는 시간이다. 예절이 중요한 이유기도 하지만 신입사원은 달리 평가할 만한 요소가 없기 때문이다. 신입의 시기는 업무에 크게 부담을 갖지 않으면서 자신을 노출할 수 있는 효과적인 시간이다. 크고 작은 성공을 이룬 사람들이 공통으로 언급하는 말이 배려, 존중과 같은 단어다. 아이러니하지만 비즈니스에 관해서도 업무 능력보다는 태도나 기본기에 대한 언급이 많다. 일은 시간이 지나면 자연스럽게 좋아지지만, 태도나 자세는 그 반대인 경우가 많기 때문이다. 태도가 바른 사람은 시간이 지나면서 좋은 관계가 더 쌓이지만, 태도가 불량한 사람은 시간이 지나면서 관계가 점점 더 꼬인다. 직장생활을 잘하고 싶다면 상사나 동료들에게 가장 눈에 띄는 신입사원이라는 시간을 잘 보내는 것이 중요하다.

신입사원은 동료에 대해 점수를 매기는 사람이 아니라

평가를 받는 사람이다. 이 단순한 이치를 아는 것만으로도 직장생활은 많은 것이 달라진다. 자신이 스티브잡스나 마윈 같은 0.01퍼센트의 특별한 능력자라고 해도 이런 이치를 피해갈 수 없다. 다른 방법이 있다면 그냥 투덜이 직장인으로 살아가는 방법이다.

회사에서 생활예절을 지키는 것은 타인을 존중하는 행동인 것 같지만 사실은 자신이 존중받는 일이다. 상대에게 지킬 것만 지켜도 좋은 인간관계는 덤으로 주어진다. 인간이라는 자산은 짧게 보면 별것 아닌 것 같지만 장기적으로는 이익이 매우 크다. 그것이 주는 유익은 단언컨대 회사가 가진 불합리함을 뛰어넘는다.

요즘은 배우려고 하지 않는 신입사원에게 굳이 회사생활 예절을 가르치지 않아요. 배우려는 노력과 선택은 그들 몫이기 때문이죠.

S그룹 임원인 인사부장의 말이다. 기본기를 거스르는 사람은 어차피 스스로 도태된다는 것이 그의 경험이고 생

각이다. 학교는 돈을 내고 배우는 곳이지만 회사는 응당한 대가를 받고 일을 하는 공간이다. 학교생활과 마음가짐을 달리해야 하는 것은 당연한 일이다.

직급을 떠나 직장예절 파괴자라면 별로 대단하지도 않은 업무능력이 이렇다, 저렇다 설레발 떨지 말고 동료들에 대한 예의부터 지켜라. 단언컨대 예절 파괴자가 주는 유익은 단 한 가지도 없다. 반대로 예절을 지키는 것이 주는 유익은 분명하다. 후배가 상사나 선배에게 예절을 지키면 자신도 존중받고 실력을 인정받을 기회를 얻는다. 상사나 선배가 후배에게 예절을 지키면 후배들의 없던 개념까지도 끌어내는 법이다. 직급이 높든 낮든, 나이가 많든 적든, 예절에서만큼은 꼰대 되기를 거부하자. 회사라는 곳은 당신 때문에 그리고 나 때문에 즐거운 공간이어야 한다.

2019년 8월 양주 집필실에서,
명대성

차례

회사생활예절 02 인사 예절

회사생활예절 03 근태 예절

회사생활예절 **04 호칭 예절**

회사생활예절 **05 전화·이메일 예절**

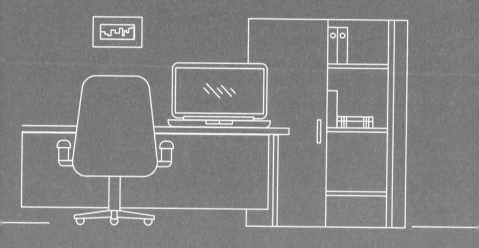

01

출퇴근
예절

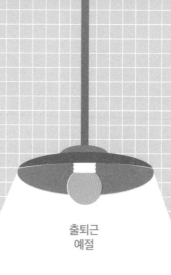

출퇴근
예절

01

첫 출근,
늦지만 않으면 되는 거
아닌가요?

첫 출근부터 지각하면서 개념 없는 신입사원으로 낙인찍히지 말자. 모든 것에
는 장단점이 있지만 시작부터 지각을 하는 것은 어떤 장점도 없다.

첫날부터 지각은 무개념

누군가 내게 인생에서 가장 기억이 남는 날이 언제인가 묻는다면 나는 서슴없이 첫 출근 날이라고 말할 것이다. 솔직히 태어난 날은 기억할 수 없고, 초등학교, 중학교, 고등학교, 대학교에 처음 등교한 날도 남다르지만 역시 사회에 첫발을 딛고 스스로 이 사회의 구성원으로 첫 단추를 꿴 출근 날이 가장 기억에 남는다.

물론 가슴이 콩닥콩닥 뛰는 날은 면접날이었지만, 솔직히 첫 출근 날은 어떤 직장 동료와 상사를 만날지 왠지 모를 벅차오르는 감정에 휩싸였었다. 기대도 나름의 두려움도 있었다. 첫 시작을 잘하고 싶었다. 그날은 차가 밀릴까 봐 새벽부터 일어나서 전철을 타고 문도 열리지 않은 회사 앞에서 마냥 출근 시간을 기다렸던 기억이 있다.

그런데 간혹 첫 출근 날부터 지각하는 신입사원을 본다. F 게임 회사의 양사원은 첫 출근 하는 날부터 지각했고 상사가 연락을 했지만 전화를 받지 않았다. 그리고 조금 지나 전철을 놓쳐서 20분 정도 늦을 것 같다는 문자를 상사에게 보냈다. 부득이하게 대중교통 때문에 늦을 수 있다. 문자나 카톡이 말보다 편하다는 것도 이해한다. 그런데 사회생활에서 '처음'은 생각보다 중요한 의미를 갖는다.

첫 출근 '초두효과'를 생각하기

세계적인 석학자이며 노벨경제학상을 받은 심리학자 대니얼 카너먼은 '초두효과'를 거론했다. 초두효과란 이미지 형성에 첫인상이 중요하다는 것으로 '첫인상 효과'라고도 한다. 또한 3초 만에 상대에 대한 스캔이 완료된다고 해서 '3초 법칙', 처음 이미지가 단단히 굳어버린다는 의미로 '콘크리트 법칙'이라고도 한다. 대니얼 카너먼 박사는 자신도 쉽게 이 효과에 휘둘리는지 점검했는데, 결과가 본인 스스로도 놀랄 정도였다고 한다. 제자들의 논문을 모아 검토한 결과, 첫 번째 논문에 좋은 점수를 준 경우 두 번째 논문에서도 좋은 점수를 준 비율이 현저하게 높았다.

행동이 주는 첫인상은 강렬하다

첫 출근부터 지각하면서 개념 없는 신입사원으로 낙인찍히지 말자. 모든 것에는 장단점이 있지만 시작부터 하는 지각은 어떤 장점도 없다. 대부분의 회사는 출근 시간이 정해져 있다. 지각만 하지 않으면 된다. 그것이 원칙이다. 조금 일찍 출근하는 것은 당신의 선택일 뿐이다. 조금 더 인정받고 싶은 신입사원이라면 출근 시간은 조금 빠른 것이 좋다. 그 한 번의 행동이 상사와 선배, 그리고 동료들에게 각인되는 첫인상이 된다.

행동이 주는 첫인상은 외모가 주는 첫인상보다 더 강렬하다. 좀처럼 뒤집기가 어렵기 때문이다. 그것이 초두효과가 가진 힘이다. 잘못 사용하면 시작부터 꼰대들의 표적이 되지만, 잘 사용하면 시작부터 인싸가 된다.

나름 후배에게 도움이 되고자 상사가 "신입사원은 조금 일찍 출근하는 게 좋아"라는 말을 하니, "늦지 않으면 되는 거지 뭐가 문제가 되나요?"하고 받아친 후배가 있었다. 얼마 지나지 않아 신입사원은 지각을 했고, 자신이 했던 말로 선배에게 호되게 당했다.

사실 신입사원의 말이 틀린 말은 아니다. 지각만 하지 않으면 된다. 그것은 논란의 여지가 없다. 허나 불만 섞인 목소리로 반박하는 말을 함부로 사용하는 것은 상사로 하여금 유연성을 사라지게 만든다.

◆ 회사생활예절 문제 ◆ 1

신입이 20분 일찍 출근해서 사무실에 앉아 있다.
상사의 반응은?

✔① 이번 신입은 자세가 좋군.
② 이 인간 뭐야? 왜 쓸데없이 출근을 일찍 한 거야?
③ 경쟁사에서 심어놓은 산업스파이인가?

◆ 회사생활예절 문제 ◆ 2

당신이 상사라면 어떤 직원에게 높은 점수를 줄 것인가?

✔① 출근 시간보다 조금 일찍 도착해서 기다리는 신입
② 간당간당하게 출근해서 당당하게 자리에 앉는 신입
③ 차가 막혀서 10분 늦게 도착한 신입

출퇴근
예절

02

출근 인사,
누가 먼저 하는 게
중요한가요?

인사는 순서도 중요하지만 잘하는 것이 더 중요하다. 이 기본적인 것만 지켜
도 '예의 바르다, 사교적이다'라는 느낌을 준다.

인사는 모든 일의 기본

직장인의 하루는 인사로 시작하고 인사로 끝난다. 회사생활에서 가장 기본이고 동시에 가장 중요한 예절이다. 특히 신입사원은 인사를 잘하는 것만으로도 상사와 동료들에게 신뢰와 함께 좋은 이미지를 준다. 상사와 동료들이 경험한 최악의 신입사원은 인사하지 않는 사람이라고 한다. 이 말을 고스란히 뒤집으면 인사를 잘하는 것만으로도 최고의 신입사원이라는 말이 된다. 특별한 능력이 필요하지 않지만 효과만점인 처세고 기술이다. 게다가 빼놓을 수 없는 비즈니스 예절이다. 인사 예절은 직장생활을 평탄하게 만들고, 비즈니스의 고수로 만든다.

어려운 취업 관문을 뚫고 L 상사에 입사한 김미생 씨는 회사생활에 적응하기 위해 고군분투하고 있다. 오래도록 준비했던 만큼 입사 후에는 마음껏 능력을 펼쳐 보이겠다고 다짐했지만, 실제로 겪는 직장생활은 예상과 많이 달랐다. 능력을 펼치기는 커녕 선배들 앞에만 서면 주눅이 들고, 인사조차도 제대로 못하는 자신이 실망스러웠다. 인사는 어떻게 누구에게 먼저 해야 하는 건지 머리로만 생각하다가 늘 어눌하게 인사를 했다.

업무만 잘하면 되지, 이런 것도 배워야 하나요?

인사에도 나름의 원칙이 있다. '업무만 잘하면 되지, 이런 것도 배워야 하나요?'할 만큼 어렵지도 않다. 기본적으로는 출근해서 직급이 가장 높은 상사에게 먼저 인사하면 된다. 그런 후 다른 선배와 동료들에게 인사를 하고 본인의 자리에 앉아서 업무를 시작하면 된다. 그것으로 끝이다. 만약 자신이 가장 먼저 출근했다면 들어오는 순서대로 인사하면 된다.

☞ **인사 순서**

① 윗사람 → 아랫사람 순
② 가까운 사람 → 먼 사람 순

상황이 이론처럼 흘러가지 않는 경우가 종종 있다. 그럴 때는 신입사원에게 유효한 만능카드를 사용한다. 밝은 모습과 큰 목소리로 인사하는 것이다. 이런 인사법은 언제나 신입의 어눌함을 덮어준다. 예를 들면 "선배님들 안녕하십니까, 좋은 아침입니다." 같은 경쾌한 인사를 하는 것이다. 인사는 순서도 중요하지만 잘하는 것이 더 중요하다. 이 기본적인 것만 지켜도 '예의 바르다, 사교적이다'라는 느낌을 준다.

반대로 인사를 제대로 하지 않으면 얼마 지나지 않아 상사나 선배들을 모두 꼰대로 만들어버린다. 예의 없는 후배는 스스로 꼰대 제조기가 되는 것이다.

인사성은 성격과 상관 무!

간혹 인사를 잘하지 못하는 이유로 두 가지 명분을 내세운다. 한 가지는 자신의 성격이 내성적이어서 인사를 잘하지 못한다고 하는 경우다. 분명한 것은 성격과 인사성은 아무 상관이 없다. 회사는 당신의 성격을 배려해주는 곳이 아니다. 내성적이어도 인사는 제대로 하는 것이 당연한 예의다. 성격에 맞지 않아도 해야 한다.

그래도 어렵다면 거울을 보고 연습이라도 하는 것이 상책이다. 인사만 잘해도 당신은 그 순간부터 인싸다. 분명히 말하지만 신입사원의 직장생활 중 7~8할 이상은 인사가 좌우한다.

또 한 가지는 업무만 잘하면 되지 인사가 뭐 그리 중요하냐고 불만을 품는 유형이다. 착각하지 마라. 인사하지 않는 직원이 일을 잘하는 경우는 매우 드물 뿐 아니라, 중요한 일을 부여받을 기회조차 생기지 않는다.

☞ 상사에게 인사할 때는
- 주머니에서 손을 빼고 인사한다.
- 고개 숙여 정중하게 인사한다.
- 부득이한 경우가 아니면 일어서서 인사한다.
- 밝은 모습으로 인사한다.

◆ 회사생활예절 문제 ◆ 1

신입사원이 인사를 잘한다. 상사의 반응은?

✔① 이번 신입은 자세가 좋군.
② 이 인간 뭐야? 인사할 시간에 일이나 똑바로 하지.
③ 인사 잘하는 인간치고, 일 잘하는 인간 하나도 없더라.

◆ 회사생활예절 문제 ◆ 2

당신이 상사라면 어떤 직원에게 높은 점수를 줄 것인가?

✔① 출근해서 밝은 모습으로 인사하는 신입
② 쭈뼛거리다 기어들어 가는 목소리로 인사하는 신입
③ 내성적이어서 인사하지 않고 자리에 앉아서 업무를 시작하는 신입

출퇴근
예절

03

처음 출근할 때 꼭 정장 입어야 하나요?

정장은 기본적으로 깔끔하고 단정한 느낌을 주고 사람을 돋보이게 만든다. 편한 복장을 추구하는 회사라 할지라도 첫 출근은 갖춰 입고 가는 것이 좋다. 갖춰 입는다고 손해 볼 것은 없다.

정장 vs 내 마음대로 복장

'정장을 입어야 하나? 편한 복장을 착용해도 괜찮나? 편한 복장을 착용해야 한다면 뭘 입지?' 같은 생각이 든다면 고민 없이 정장을 입고 출근하는 것을 추천한다. 그 편이 당신의 마음을 한결 자유롭게 해줄 것이다. 생각에 따라서는 꼰대 같은 말일지 모르지만 첫 출근은 정장 차림이 좋다. 일단 호불호가 없다. 회사에 정장 입고 출근해서 욕먹었다는 말은 들어본 적이 없다.

반대로 너무 편하게 입고 출근해서 지적을 받았다는 상황은 종종 본다. 정장은 기본적으로 깔끔하면서 단정한 느낌을 주고 사람을 돋보이게 만든다. 편한 복장을 추구하는 회사라 할지라도 첫 출근은 갖춰 입고 가는 것이 좋다. 갖춰 입는다고 손해 볼 것은 없다. 상사는 "내일부터는 편한 복장으로 출근해요"라는 말을 하면서도, 한편으로는 '이 친구 됨됨이가 괜찮네'라는 생각을 한다.

사람에게 선입관을 갖지 말라는 말이 있다. 가능하면 상대를 좋게 생각하라는 의미다. 하지만 첫 모습으로 사람을 판단하는 것은 사람의 본능이다. 소개팅을 예로 들어보자. 만약 소개받은 이성을 만나는 첫 자리에 상대가 운동복 차림으로 나왔다거나, 후줄근하게 입고 나왔다면 어떤 느낌이 들까. 한쪽은 편한 느낌을 주려고 했는지 모르지만 다른 한쪽은 불편할 수 있다. 첫 출근해서 동료들에게 눈도장을 찍는 일이나 이성 간에 소개팅하는 자리나 첫인상에 대한 인식은 비슷하다. 요즘은 자유복으로 출근하는 회사가 많다 해도 정장이나 세미 정장을 착용하는 것은 첫 출근에 대한 예의다.

정장이 힘들다면 최소한 깔끔하게

정장 차림이 힘들다면 최소한 깔끔하게는 입어라. 그것이 상사와 동료들을 처음 만나는 자리에 대한 예의다. 그래도 받아들일 수 없다면 면접 자리에 복장을 갖춰 입고 갔던 이유를 되새겨보기를 바란다. 기껏 복장 하나지만 동료들에게 좋은 이미지를 줄 것인지, 비호감 이미지를 줄 것인지로 갈리는 문제다.

복장에도 기본이 있다. 정장을 착용했어도 다림질을 하지 않아 후줄근하다거나, 빨간 양말을 신는다거나, 튀는 구두를 신는 것은 좋지 않다. 남자의 경우라면 검은색, 남색 계열의 정장에 흰색이나 푸른색 계열의 와이셔츠 정도면 호불호가 없다. 여자의 경우는 색상이 너무 화려하고 속옷이 심하게 비치고, 길이가 너무 짧은 의상만 아니라면 무난하다.

평소에 패션 감각이 많이 부족하다는 소리를 듣는다면 주변에 조언을 구하는 정도의 노력은 해야 한다. 그 한 번의 노력이 유능한 직원으로 콩깍지를 씌우기도 하고, 능력이 부족한 직원으로 낙인을 찍기도 한다. 성공적인 직장생활을 위해 필요한 덕목은 일 말고도 많다. 업무능력 이외의 부분으로 평가절하되고 싶지 않다면 기본은 지켜야 한다.

◆ 회사생활예절 문제 ◆ 1

신입사원이 정장을 깔끔하게 차려입고 출근했다.

상사의 반응은?

① 이번 신입은 첫인상이 좋군

② 우리 회사는 자율복장인데, 왜 옷을 저따위로 입고 출근한 거야.

③ 저 인간, 국정원에서 파견 나온 비밀요원인가?

◆ 회사생활예절 문제 ◆ 2

당신이 상사라면 어떤 직원에게 높은 점수를 줄

것인가?

① 세미 정장을 깔끔하게 입고 출근한 신입

② 찢어진 청바지에 현란한 티셔츠를 입고 출근한 신입

③ 집에서 잘 때나 입는 듯한 후줄근한 옷을 대충 입고 출근한 신입

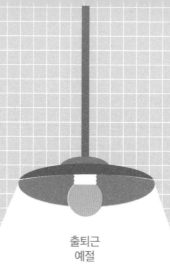

출퇴근
예절

04

점심,
꼭 같이 먹어야
하나요?

매일매일 꼭 같이 먹을 필요는 없다. 하지만 혼자 먹기 좋아하는 이미지를
만들지는 말자.

내 점심시간은 절대 방해받지 않겠어!

회사에서 점심시간은 개인에게 주어지는 자유시간이다. 이 사실에 이의를 제기할 사람은 없다. 회사에서 유일한 개인시간인데 매번 같이 점심을 먹어야 하는 것이 누군가에겐 곤욕이 아닐 수 없다. 매번 매 끼니를 상사나 동료들과 함께하는 것은 불편한 일이다. 다른 사람 시간에 맞춰야 하고, 가기 싫은 식당에 가는 것을 감수해야 한다. 때로는 집에서도 하지 않는 수저를 놓아야 하고 메뉴를 통일해서 먹어야 한다. 때로는 상대가 다 먹을 때까지 기다리기도 해야 한다. 분명 자유를 방해하는 불편함이다. 그러나 회사라는 곳은 여러 사람이 어울리는 공동체다. 한 공간에서 여러 사람들과 뒤섞인다는 것은 서로 노력해야 할 것들이 존재한다는 의미이기도 하다. 오너부터 사원에 이르기까지 이 노력을 피할 수 있는 사람은 아무도 없다.

점심시간은 소통 시간

사람은 누구나 조금씩 다르다. 두루두루 어울리는 것을 좋아하는 사람도 있고 지극히 내성적인 사람도 있다. 그것은 상사도 마찬가지다. 공동체 생활을 위해서는 함께해야 하는 것들이 있는데, 그것을 단지 업무로만 한정시켜서는 곤란하다. 적어도 상사와 선배, 동료들과 함께 어울리기 위한 최소한의 노력은 비즈니스 예의다. 사실 이런 시간까지 막히면 동료 간의 소통은 점점 더 어려워진다. 회사는 기본적으로 경제적 공동체다. 내가 하고 싶은 것만 할 수 있는 공간이 아니다. 때로는 소통을 위해 시간을 할애해야 하고 정당한 업무 범위라면 하기 싫은 것도 해야 할 때가 있다. 그것은 직급과 관계없이 동일하다. 상사나 후배가 '내 점심시간은 절대 방해받지 않겠다'라고 선언해버리면 소통은 어려워진다. 즉, 육하원칙으로 말해도 소통의 오류가 생기는 직장생활에서 소통이 단절된다. 각자도생이 무기인 회사나 업무에서는 예외다.

선배 : 우리 점심시간에 잠깐 이야기 좀 할까요?
신입 : 중요한 이야기인가요?
선배 : 꼭 그런 건 아닌데… 혹시 약속이 있나요?
신입 : 그런 건 아닌데, 중요한 이야기가 아니면 다음에 하면 안 될까요? 좀 쉬고 싶습니다!

선배의 요청에 후배의 반응이 이렇다면, 후배가 선배와 밥 먹기 불편한 것 이상으로 선배도 후배와 소통하는 시간이 불편해진다. 상사는 꼭 해야 말이 있을 때 어쩔 수 없이 직급으로 누를 수밖에 없는 상황도 생긴다. 결국 서로에게 불편한 일이 되는 것이다. 업무시간에는 업무가 바쁘다는 핑계로, 점심시간에는 자유를 누려야 한다는 이유로, 회식은 가기 싫다는 이유로 모든 시간을 회피해버리면 서로 소통할 시간은 점점 줄어든다.

혼자 먹는 시간을 갖되 혼자 먹는 이미지는 만들지 말자

결론은 점심을 혼자 먹는다고 결연하게 선언하지 말자. 물론 혼자 먹는 시간이 사람마다 좋을 수도 있고, 눈치 보여서 말하기도 쉽지 않겠지만 그리 경제적인 선언은 아니다. 견딜 수 없을 만큼 스트레스라면 어쩔 수 없겠지만 싫다고 모든 것을 회피해서는 곤란하다. 하기 싫은 것, 힘든 것을 한 가지씩 삭제하다보면 결국 직장이란 곳은 서로에게 지옥 같은 공간이 되어버린다.

회사는 내가 비용을 내고 활동하는 공간이 아닌, 대가를 받고 생산적인 일을 해야 하는 공간이다. 이것을 이해하는 것이 서로에게 지옥을 선물하지 않는 유일한 길이다. 게다가 직장생활을 하면서 신입만 계속할 수는 없는 노릇이다. 리더가 되는 연습이 필요하다. 영원한 상사도 없지만 영원한 후배도 없다. 그것이 사회의 생리다.

◆ 회사생활예절 문제 ◆ 1

신입사원이 매번 점심은 혼자 먹겠다고 한다.
상사의 반응은?

① 이번 신입은 자세가 좋군.
② 요즘 신입들은 자기 표현이 확실해서 좋아.
✔ 얘, 뭐야?

◆ 회사생활예절 문제 ◆ 2

당신이 상사라면 어떤 직원에게 높은 점수를 줄 것인가?

✔ 동료들과 점심시간을 함께하고 소통하려고 노력하는 신입
② 점심시간은 자기만의 시간을 가지겠다며 사라지는 신입
③ 점심은 원래 안 먹는다며, 자리에서 게임을 하는 신입

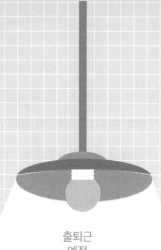

출퇴근
예절

05

신입이라고
메뉴 선정까지 해야
하나요?

신입이라고 굳이 메뉴까지 선정할 필요는 없다. 조직 내에서 하고 싶은 사람이
하면 되고 마땅한 사람이 없다면 돌아가면서 정하면 된다.

사소해 보이지만 사소하지 않은 것

'내가 이런 사소한 것까지 신경 써야 하나요?'라는 생각이 들면 하지 않아도 무방하다. 메뉴 선정은 인간관계를 이끌어가는 기술이지 기본적인 의무나 예절은 아니다. 다만 센스 있는 직원이 되고 싶다면 언제나 OK다! 적어도 메뉴 선정을 잘했다고 눈총받는 일은 없다. 메뉴 선정이 사소해 보이지만 업무능력과 더해지면 직장생활에 꽤 긍정적인 영향을 끼친다.

최악의 음식을 권하는 실수를 하지 않기 위해

메뉴 선정을 잘하기 위해서는 상사나 동료들이 싫어하는 음식이나 혐오 음식을 파악하는 것이 먼저다. 동료들이 좋아하는 음식을 파악하는 것도 중요하지만 싫어하는 음식을 알아두는 것이 더 효과적이다. 적어도 매운 음식을 못 먹는 이 부장에게, 갑각류 알레르기가 있는 김 과장에게, 보신 음식을 기피하는 동료에게 최악의 음식을 권하는 실수를 하지 않는다. 거기에 더해 좋아하는 음식 한두 가지 정도를 안다면 메뉴 선정에 대해서는 최상급 감각을 가진 능력자가 된다. 사실 메뉴 선정을 잘하는 것도 능력이라면 능력이다. 게다가 외부 비즈니스에서도 큰 영향력을 발휘한다.

그룹 비서실 근무 시절에 만났던 H 투신사 이 지점장은 금융권의 성지 광화문 바닥에서 최고의 실적을 올리던 탁월한 금융인이었다. 회사에서도 인정받던 사람이지만 내가 만난 사람 중 최고의 비즈니스맨이었다. 영업을 하는 사람들이 비싼 술집에서 음지의 접대를 하거나 검은 봉투를 건넬 때, 그는 기껏 한정식 집이나 구석진 동네 맛집을 이용해서 비즈니스 관계를 맺었다. 접대 받는 것을 극도로 기피하는 사람조차도 그와는 쉽게 어울렸다. 그가 택한 방식은 음지의 접대를 피하는 대신 가볍지만 맛있는 음식을 먹고 즐겁게 이야기 나눌 수 있는 시간을 만드는 것이었다.

당시 그가 나에게 가장 많이 한 질문은 '대리님은 어떤 음식을 좋아하나요?'와 '혹시 싫어하는 음식이 있나요?' 같은 것들이었다. 이 지점장의 수첩을 우연히 보게 되었는데, 수첩에는 한 번 만난 사람들이라도 좋아하거나 싫어하는 음식이 빼곡하게 기록되어 있었다. 이 지점장이 관계를 맺은 회사의 경영자부터 말단 담당자들까지 빠짐이 없었다.

먹고 싶은 거 많은 사람이 정하기

상사나 동료의 입맛을 아는 것을 아부로 치부하거나 터부시하는 사람들이 있지만, 생각보다 사람들은 입에 들어가는 음식에 대해서는 동물적인 본능에 충실하다. 맛있는 음식을 먹으면 기분이 좋아지고, 맛없는 음식을 먹으면 짜증이 나는 법이다. 현명한 아내는 부부싸움을 할 때도 남편을 배불리 먹여 놓고 전쟁을 치른다는 말이 그냥 나오는 말이 아니다. 실제로도 배고픈 사람은 정상이 아닌 경우가 꽤 있다. 나는 이런 일을 터부시하던 사람이다. 그땐 그다지 중요성을 몰랐다. 솔직히 좀 더 일찍 알았더라면 하는 후회가 있다. 상대가 싫어하고 좋아하는 음식을 아는 일은 인간관계에 지혜를 더하는 일이다.

메뉴 선정에서도 장점을 발휘할 수 있다

사람에게 의식주 문제는 본능적인 욕구와 연결된다. 본능을 무시하는 것보다는 그것을 지혜롭게 이용하는 사람이 더 많은 일을 할 수 있다. 동료들과 어울릴 때 메뉴 선정을 잘하는 것이 누군가에게는 아부가 되고, 누군가에게는 인간관계에서 주도권을 쥐는 기술이 된다.

상대가 좋아하는 음식과 싫어하는 음식을 파악했다면 기록으로 보존하는 것이 좋다. 사람의 기억력은 생각보다 오류가 많다. 또한 이런 메모가 켜켜이 쌓이면 직장생활 비밀노트가 된다. 당연한 말이지만 기록은 언제나 불완전한 기억을 이긴다. 결론은 신입사원이라고 해서 반드시 메뉴 선정을 해야 하는 것은 아니다. 자신의 사회생활을 더 열정적으로 하고 싶다면, 또 점심시간이 기다려지는 대식가라면 자신의 장점을 발휘하는 시간을 가져보는 것도 나쁘지 않을 것이다.

☞ **메뉴 선정 시 기본사항**

- 주변 맛집 검색 필수
- 후기 확인 필수
- 사전 방문 확인(비즈니스 시 필수)
- 예약 가능 여부 확인
- 문제 발생 시 대체할 수 있는 '플랜 B 장소' 준비

☞ **센스를 더하는 메뉴 선정**

- 비 내리는 날 : 찌개류, 칼국수, 삼겹살 등

- 무더운 날 : 콩국수, 냉면, 육회비빔밥 등
- 추운 날 : 김치찌개, 동태찌개, 짬뽕 등
- 바쁜 날 : 도시락, 김밥, 샌드위치 등

◆ 회사생활예절 문제 ◆ 1

동료들이 싫어하거나 좋아하는 음식을 신입사원이 알고 있다. 선배들의 반응은?

① 이번 신입은 센스가 있군.
② 일이나 잘하지, 그런 건 알아서 뭐 해?
③ 저 인간 이 근처 식당에서 침투시킨 마케터인가?

◆ 회사생활예절 문제 ◆ 2

당신이 상사라면 어떤 직원에게 높은 점수를 줄 것인가?

① 업무가 바빠서 점심 먹으러 나가기 어려운 날,
  도시락을 챙겨오는 신입
② 크림파스타밖에 안 먹는다며 매번 자신이 원하는 곳에서
  밥 먹자는 신입
③ 동료들이 싫어하는 식당을 맛집이라며 데려간 신입

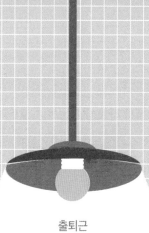

06

상사와
더치페이
하는 게 맞나요?

더치페이는 기본이다. 상사라고 꼭 매번 밥값을 내야 하는 건 아니다. 후배라
고 꼭 얻어먹을 필요도 없다. 자기가 먹은 거 자기가 내면 된다.

자기가 먹은 건 자기가 내기

동료들과의 식사 자리에서 각자 내기는 회사생활의 기본 매너다. 여기서 동료의 개념은 기본적으로 상사나 선배, 동기, 후배 모두를 포함한다. 더치페이는 상대에게 부담을 주지 않으면서 나도 부담이 없다. 상사는 가벼운 주머니 사정으로 부담 가질 필요가 없고, 후배는 밥 한 끼로 상사에게 얽매이지 않아서 좋다. 이런 기본적인 생활예절만 지켜도 회사에서 생기는 사소한 불편함을 꽤 많이 줄일 수 있다.

좋은 관계를 위해 이것이 동료애를 더하게 하는지, 모두에게 유익한 것인지 생각해 볼 필요가 있다. 가능하면 심플하고 상식적인 방향이어야 한다. 상사라는 타이틀은 업무를 위한 직급체계지 물주를 의미하지 않는다. 매번 어느 한쪽은 돈을 내고, 다른 한쪽은 무임승차한다면 그 관계는 불편하고 오래가지 못한다. 친구이든, 사적 모임이든, 직장이든 크게 다르지 않다. 단 상사가 업무 일환으로 소집한 자리나 상사 본인이 사겠다고 언급한 자리라면 다르다. 그런 자리에서 엔분의 일(1/N)을 외치는 상사가 이상한 거다.

코리안 페이는 이제 그만

과거에는 선후배가 모이면 연장자나 가장 높은 직급의 상사가 돈을 내는 것을 당연시했다. 상사는 그걸 체면이나 위신이라 생각했고 후배들 또한 그것을 당연하게 받아들였다. 오래된 서열문화의 영향이다. 선배들의 '내가 낼게'라는 심적 부담은 일종의 '코리안 페이'였던 셈이다.

밥값을 잘 내면 좋은 선배고, 밥값을 안 내면 쩨쩨한 사람이라는 생각은 합리적이지 않다. 선배라는 이유만으로 잘 알지도 못하는 것을 가르치고 불합리한 것까지도 무조건 따르도록 밀어붙이는 것처럼 말이다.

함께 식사하는 자리에서 기분 좋게 밥 먹고 매번 뒤에서 어기적거리면 상사의 마음도 불편하다. 직급이 높다고 모두 여유가 있는 것은 아니다. 다시 말하지만 동료들과 함께하는 식사 자리에서의 밥값은 더치페이가 매너다. 밥값은 당연히 상사가 내야 한다는 생각은 상사를 괴롭히는 후배의 '을'질이 될 수 있다. 설사 상사가 후배를 아끼는 마음으로 매번 '내가 쏠게'를 외친다 해도 가끔은 '선배님, 오늘은 제가 사겠습니다'라고 외치는 것이 예의다. 그것이 회사생활예절에 필요한 건강한 관계 계산법이다. 상사가 내는 밥값은 후배들을 아끼는 척도가 아니다. 상사도 후배의 마음을 얻기 위해 공부하는 시대다. 상사 후배랄 것 없이 서로의 마음을 얻기 위해 공부하고 배려해야 한다.

사실 상사들도 주머니 사정이 좋지 못한 경우가 많다. 예전에는 쉽게 쓰던 회사 카드도 쓰기 어렵고 지출도 어렵다. '요즘 시대가 어떤 시대인데'를 외치면서도 '밥값은 선배가!'를 외친다면 젊은 꼰대가 되는 지름길이다.

후배들이 매번 "팀장님이 쏘시는 거죠?"를 외친다. 상사의 반응은?

① 후배들이 자세가 좋군.

✓② 후배들은 나를 호구로 생각하는구나.

③ 당연하지, 밥값은 상사인 내가 내야지.

당신이 상사라면 어느 정도까지 감당할 수 있을까?

✓① 가끔 한 번씩 밥을 산다.

② 후배들과 식사를 하면 밥값은 무조건 내가 낸다.

③ 밥값은 무조건 더치페이다.

출퇴근
예절

07

퇴근 시간,
먼저 일어나도
될까요?

그날의 업무를 마쳤다면 눈치 보지 말고 퇴근해도 된다. 하지만 업무도 마치
지 않고 칼퇴근하는 직장인은 무개념 동료로 보일 수 있다.

퇴근 시간 눈치 볼 필요 없다

퇴근 시간이 지났는데 상사나 동료들이 미동도 하지 않는다면 참 난감하다. 퇴근해도 되는 건지, 눈치 보면서 남아 있어야 하는 건지, 퇴근 시간이 되는 것만으로도 스트레스다. 하지만 이런 상황을 너무 두려워하거나 눈치 볼 필요는 없다. 상사도, 선배도 그런 어리바리한 시간을 거쳤고 그런 시간을 기억한다. 처음부터 일부러 신입사원 군기 잡으려고 애쓰는 사람은 없다. 업무라는 것이 어느 정도 시간이 필요한 일이기에 처음부터 무리하게 일을 시키지도 않고 큰 기대도 하지 않는다. 먼저 퇴근하라고 말해주는 센스 있는 상사를 만나면 좋겠지만, 아니더라도 꿔다 놓은 보릿자루마냥 멀뚱멀뚱 앉아서 시계만 쳐다보거나 눈치 볼 필요는 없다.

언젠가 김 부장이 말했다. 신입사원 때는 자신도 어떻게 하면 정시에 퇴근할까를 고민했고, 늦게 퇴근하는 상사를 야속하게 생각했는데 막상 상사가 되니 자신보다 먼저 퇴근하는 직원들을 보면 마음이 불편하다는 것이다. 김 부장이 꼰대여서일까? 꼰대 맞다. 하지만 생각보다 사람의 본능은 역지사지가 어렵다. 이런 심리를 알아두면 현명한 대처가 가능하다. 그래서 처세라는 것이 필요하다. 여기서 말하는 처세는 일찍 나가면서 눈총받지 않는 현명한 퇴근법을 말한다.

오늘 할 일을 다했다면 칼퇴근은 눈치 보지 말고!

신입사원에게 생길 수 있는 퇴근 환경은 크게 세 가지다. 첫 번째는 상사가 "어이 신입, 오늘은 그만 퇴근해."라고 하는 경우다.

이 경우 "네, 알겠습니다."하고 상사와 동료들에게 정중하게 인사하고 가면 된다. 회사에 야근자가 많은 분위기라면 조용히 인사하고 퇴근하는 것이 좋다. 누구든 목소리가 크고 경쾌한 것이 좋지만 야근 분위기에서는 시끌벅적하게 인사해서 좋을 것이 없다.

이때 상사가 퇴근하라고 하면 진짜 퇴근하라고 하는 건지 고민하는 신입들이 있다. 상사의 의도를 의심하거나 파악하려고 애쓸 필요는 없다. 야근이 많은 회사라고 할지라도 신입사원에게는 그다지 시킬 일이 없다. 그냥 편안한 마음으로 퇴근하면 된다. 처음부터 퇴근할 때 눈치 보는 것을 배우면 나중에는 퇴근이란 개념을 상실하게 된다. '퇴근해→ 눈치 보며 안 들어감'이 진화해서 '퇴근하겠습니다→ 오늘 무슨 일 있나?'라는 질문으로 진화되는 거다.

아무 피드백이 없다면

두 번째는 퇴근 시간에 상사가 자리를 비운 경우다. 이때는 빨리 가고 싶은 마음이 하늘을 찌르더라도 상사가 자리에 돌아올 때까지 기다리는 것이 좋다. 처음부터 이런 상황에 인사도 없이 사라져버리면 직장생활 편하게 하기 어렵다. 그리고 신입사원에게 이런 일은 견디기 어려울 만큼 빈번하게 일어나지 않는다.

세 번째는 퇴근 시간이 지났는데 아무런 피드백이 없는 경우다. 이런 상황이 제일 애매하고 불편하다. 이럴 때는 상사에게 우회적으로 퇴근 시간이 되었다는 사실을 알려주는 것이 좋다. '혹시, 제가 도와드릴 일이 있을까요?' 같은 반어법으로 질문을 하는 것이다. 상사가 '어, 괜찮아' 대답한다면 '특별히 도와드릴 일이 없으면

저는 퇴근하겠습니다'라고 인사하고 퇴근하면 된다.

그래도 눈치가 보인다면 바로 선임에게 묻는 것이다. 신입사원을 가장 많이 가르쳐주고 도와줄 수 있는 사람이다. 회사에서 힘든 일의 대부분은 질문하지 않아서 생기는 것들이다. 질문만 잘해도 어려운 일의 90퍼센트는 해결된다.

퇴근시간은 정해진 권리

직장생활은 눈치를 배우는 곳이 아니라 제대로 일하는 방법을 배우는 곳이다. 중요한 프로젝트가 있을 때는 야근도 불사해야 하지만 평상시에는 정시퇴근이 맞다. 정시퇴근이 문제가 되는 경우는 할일을 하지 않고 칼퇴하는 경우뿐이다. 할일을 하고 퇴근하는 것은 문제될 것이 없다. 만약 1년 365일 야근을 해야 하는 회사라면 그 회사는 시스템이나 구조적으로 문제가 있는 거다. 이런 상황에서 문제없는 직장생활을 하려면 아쉽게도 두 가지 선택지밖에 없다.

첫째는 불합리함에 적응하는 것이고, 둘째는 근무환경이 건강한 회사로 옮기는 방법이다. 단 업무시간에 인터넷 검색하고 메신저 하느라 팽팽 놀다가 일이 밀려 늦게까지 남는 것을 야근으로 생각하는 것은 잘못이다. 그건 야근이 아니라 본인이 게을러서 스스로 만든 나머지 근무다. 적어도 야근과 스스로 만든 근무는 구분되어야 한다.

◆ 회사생활예절 문제 ◆ 1

**잠깐 화장실 다녀온 사이에 신입사원이 퇴근을 했다.
상사의 반응은?**

① 얘 뭐야, 잠깐 화장실 다녀왔다고 말도 없이 퇴근한 거야.
② 이번 신입은 자세가 좋군.
③ 시간 개념이 확실해서 좋구나.

◆ 회사생활예절 문제 ◆ 2

당신이 상사라면 어떤 직원에게 높은 점수를 줄 것인가?

① 퇴근 시간에 "제가 뭐 도와드릴 일이 있을까요?"를 묻는 신입
② 잠깐 화장실 다녀온 사이에 퇴근한 신입
③ 퇴근 시간이 되었는데 멀뚱멀뚱 자리에 앉아 있는 신입

08

퇴근할 때
누구한테 먼저
인사해야 할까요?

인사하지 않고 퇴근하는 문화가 늘고 있다. 눈치 보며 퇴근하는 문화 때문인
데, 눈치 보지 않고 인사하고 퇴근하는 문화가 조직에 더 건강하다.

퇴근, 바람과 함께 사라지는 것은 금물

퇴근할 때는 선임에게 먼저 인사를 하는 것이 좋다. 혹시 자신이 모르는 일이 있을 때 적절하게 처신하도록 도와줄 사람이기 때문이다. 그리고 나서 상사와 동료들에게 인사하고 퇴근하면 된다. 앞에서도 말했지만 다 같이 퇴근하는 분위기가 아니라면 인사는 너무 요란스럽지 않은 것이 좋다. 야근 분위기가 부담스럽다고 인사를 생략하고 바람과 함께 사라지는 것은 절대 금물이다.

조사결과에 따르면 퇴근 시간이 되어도 퇴근하지 못하는 이유 중 '상사에게 눈치가 보여서(40%)'라는 이유가 1등이었는데, '업무가 많아서(20%)'라는 이유보다 두 배 이상 넘는 수치다.

눈치 보지 않고 퇴근하는 문화

극히 일부지만 인사하지 않고 퇴근하는 문화를 시도하는 기업이 생겨나고 있다. 성공 여부를 떠나 이런 문화가 이슈가 된다는 것은 우리 사회에 눈치를 주고받는 문화가 만연하다는 방증이다. 아무리 좋은 정책도 상사가 바뀌지 않으면 변화가 어렵다. 인사하지 말고 퇴근하라고 한들 상사가 매일 불편한 기색을 감추지 못한다면 퇴근하는 일은 고역이 된다. 조직이 수직적인 체계를 벗어나 수평적인 구조를 만든다고 해도 결과는 달라지지 않는다. 또 다른 변칙적인 규칙이 생겨나기 때문이다. 사실 퇴근시간에 사라져야 할 것은 인사문화가 아니라 눈치를 주고받는 비정상적인 문화다. 업무시간에 충실하고 시간이 되면 퇴근하는 것은 당연한 일이다. 후배는 업무시간에 충실하고 스스로 눈치 볼 일을 만들지 않아야 하고, 상사는 특별한 일 없이 눈치를 주거나 눈치를 보게 만드는 찌질함을 버려야 한다. 눈치 문화를 만드는 찌질함은 결국 후배 직원들의 개념을 상실시킨다.

바람과 함께, 빛의 속도로 사라지지 않기

상사가 잠시 자리를 비웠을 때 '이게 웬 땡큐냐'하면서 빛의 속도로 사라져버리는 것은 주의해야 한다. 상사의 입장에서 기분이 좋을 리 없다. 그렇다고 왜 자리를 비웠는지도 모르는 상사를 마냥 기다릴 수만도 없다. 정답은 없지만 10분 정도는 코리안 타임으로 생각하자. 형식적인 일이라 할지라도 나쁠 것은 없다. 조금도 기다리지 못할 만큼 중요한 일이 있는 경우라면 상사의 자리에 가벼운 메모를 남기자.

대표나 상사의 올바른 '퇴근 시간 사용법'

직장인 시절 H 기업 비서실 직원에게 그 회사 대표의 '퇴근 시간 사용법'을 들은 적이 있다. 퇴근 시간이 되면 대표는 직원들에게 '먼저 들어갑니다. 모두 퇴근들 해요' 하고 자리를 비운다. 윗사람이 먼저 퇴근을 하고 나면 직원들은 편하게 퇴근을 했다. 직원들이 모두 퇴근했을 때쯤 대표는 사무실에 다시 들어가 일을 했다고 한다. 사실 H 기업의 대표는 일중독이었다. 퇴근 시간에 자리를 비운 것은 일중독을 직원들에게 전가하지 않으려는 일종의 배려였다. '나는 일을 할 테니, 바쁘면 먼저 퇴근해'라는 말로 어정쩡하게 부담을 주는 상사들과는 상반된 행동이다. 그 회사의 직원들은 자신이 근무하는 회사에 유독 애착이 강했다. 아마도 대표의 퇴근 시간 사용법이 영향을 끼쳤을 것이다.

◆ 회사생활예절 문제 ◆ 1

신입사원이 상사와 동료들에게 정중하게 인사를 하고 퇴근한다. 상사의 반응은?

✓ 이번 신입은 자세가 좋군.

② 동료들 모두 야근하고 있는데, 신입 주제에 생각이 있는 거야, 없는 거야.

③ 퇴근하는데 인사까지 하고 가야 하나?

◆ 회사생활예절 문제 ◆ 2

당신이 상사라면 어떤 직원에게 더 높은 점수를 줄 것인가?

✓ 상사가 잠시 자리를 비웠지만 기다려주는 신입

② 상사가 화장실 잠깐 다녀온 사이에 바람과 함께 사라진 신입

③ 선임에게만 인사하고 조용히 퇴근하는 신입

출퇴근
예절

09

퇴근할 때
책상 정리,
꼭 해야 할까요?

책상 정리는 웬만하면 해놓고 퇴근하는 것이 좋다. 책상은 그 사람의 성격이
나 생활습관을 그대로 보여준다.

책상은 그 사람의 업무 스타일을 보여준다

미국의 칼럼리스트 애니타 브루지스는《회사가 주목하는 똑똑한 행동 45가지》에서 개인의 업무 공간에 대해 언급했다. 어질러진 책상은 열심히 일하고 있다는 표시가 아니며 책임감 부족과 무신경함을 그대로 노출하는 것과 같다고 말한다. 실제로 상사는 퇴근 후 신입사원의 책상만 봐도 업무 스타일을 파악한다. 만약 머물다간 자신의 책상이 너저분하다면 '깨진 유리창의 법칙'을 다시금 되새겨볼 필요가 있다. 사물에 의한 실험이었지만 사람에 대한 반응도 크게 다르지 않다. 퇴근 후 책상은 오늘 당장 퇴사해도 이상하지 않을 만큼 깨끗해야 한다. 실체도 중요하지만 보이는 모습은 더 중요하다.

당장 퇴사해도 좋은 만큼 깨끗하게

정리되지 않은 책상이 집중력과 업무효율을 떨어뜨리는 것은 당연한 일이다. 게다가 지저분한 자리는 자신뿐만 아니라 동료들의 시선까지 산란하게 만든다. 오죽하면 '책상을 정리하지 않는 동료에 대한 대처법'이라는 내용까지 이슈가 되었을까. 신입사원 시절 업무 행태는 그대로 직장생활의 습관이 된다. 업무를 배울 때부터 정리정돈을 습관화하는 것이 중요하다. 업무 효율도 높아지고, 상사나 동료들에게 깔끔한 인상을 심어주니 일석이조다. 이런 쓸데없는 것에는 '관심 꺼주세요'라고 말하는 신입이 있을지는 모르겠으나 신입사원은 어쩔 수 없이 눈에 띈다. 대학 동아리에 갓 들어온 신입생처럼 말이다. 상사나 동료들도 본능적으로 신입사원들의 행동을 눈에 담게 된다. 출근 매너와 인사예절로 좋은 이미지를 심었다면 퇴근 후 책상 정리는 좋은 이미지에 확실하게 방점을 찍는 일이다.

책상 정리는 동료에 대한 예의

분명히 말하는데 퇴근할 때 책상은 스스로 정리하고 가는 거다. 검토하거나 읽던 서류는 제자리에 원상 복귀하고, 작성하던 보고서가 있다면 파일철에 잘 정리하자. 마시다 남은 커피잔, 까먹다가 흘린 과자 부스러기, 비염 때문에 코 푼 휴지, 적어도 이런 건 치우고 가자. 지저분한 책상을 보는 사람은 정말이지 짜증난다. 이렇게 말하면 책상 위에 있던 자료들과 사무용품까지 몽땅 쓸어서 의자 위에 올려놓고 가는 직원들이 있다. 그건 치우는 게 아니라 보는 사람 염장 지르는 거다. 업무 중에 꺼내놓은 자료, 쓰던 보고서, 대외비인 중요 서류는 원위치시키고 퇴근하는 것이 동료에 대한 예의다.

◆ 회사생활예절 문제 ◆ 1

**신입사원이 퇴근할 때 자리를 깔끔하게 정리하고
간다. 상사의 반응은?**

☑ ① 이번 신입은 출퇴근 매너도 좋고 정리도 깔끔하게 하는군.
② 이 인간 뭐야. 오늘까지만 일하고 내일부터 안 나오려고 하는
거야?
③ 이 인간 뭐야? 일을 안 한 거야?

◆ 회사생활예절 문제 ◆ 2

당신이 상사라면 어떤 직원에게 높은 점수를 줄 것인가?

☑ ① PC 전원을 끄고 책상을 깔끔하게 정리한 후 퇴근하는 신입
② 책상 위에 놓아두었던 서류를 의자 위에 올려놓고 퇴근하는 신입
③ 퇴근한 지 모를 정도로 책상에 서류와 비품을 방치하고 퇴근
한 신입

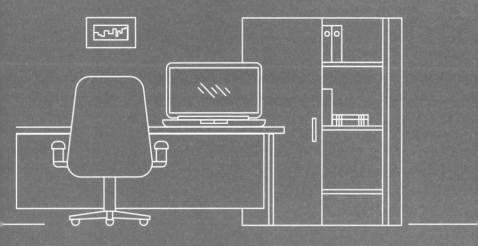

02

인사
예절

인사
예절

01

인사,
누가 먼저
해야 하나요?

내가 무조건 먼저 인사 하는 것이 마음에 들지 않을 수도 있다. 상사이기 때문에, 신입사원이기 때문에 인사를 한다기보다 새로운 관계를 맺는 과정에 필요한 기본이라고 생각하자.

신입사원 행동 중 가장 꼴불견인 행동은?

신입사원 모습 중 상사나 동료들에게 가장 도드라지게 보이는 부분이 인사다. 인사가 동료들에게 미치는 영향력이나 첫인상에 미치는 영향력은 몇 번을 강조해도 지나침이 없다. 신입사원의 이미지가 확정되는데 걸리는 시간은 1~3개월 정도다. 이 시간 사용법에 따라 직장생활을 재미있게 할 수도 있고 피곤하게 할 수도 있다. 직장인들을 상대로 조사한 설문 결과, 신입사원의 행동 중 가장 꼴불견인 행동은 근태가 불량한 것과 인사를 잘 하지 않는 것이었다.

무조건 인사해라

어떤 경우에도 인사에 조건을 다는 것은 바람직하지 않다. 신입의 입장에서는 저 사람이 누군지, 누가 더 선배인지, 우리 부서 사람인지 알기 어려운 경우가 있지만 전혀 고민할 필요가 없다. '저 사람은 누구지?', '인사를 해야 하나 말아야 하나'를 따지기 전에 그냥 인사하면 된다. 내가 근무해야 할 부서의 직원이 아니거나 회사의 직원이 아니면 어떤가. 실례되는 일이 아닐뿐더러 오히려 회사에도 자신에게도 이익이 되는 일이다. 신입사원이 회사에서 만나는 사람 중 인사를 하지 말아야 할 대상은 아무도 없다.

인사는 후배가 먼저

직장생활을 하다보면 상사가 진상이거나 무개념인 경우, 또 인사를 받지 않는 경우 등 인사를 하고 싶지 않은 순간을 수없이 만난다. 무조건 상사이기 때문에 나는 신입사원이기 때문에 인사를 한다기보다, 인사는 새로운 관계를 맺는 과정이다. 인사를 잘하지 않으면 상사나 선배, 동료, 후배들과 좋은 관계를 맺기가 어렵다. 실제로 K 물산에 다니는 직원의 연봉이 다음 해에 줄었는데, 그 기업의 인사부장은 직원의 예의 없는 행동 중 인사 때문이었다고 말한다. '그게 말이 돼?'를 반문하는 사람들에게는 미안한 말이지만 실제 사례다.

예절 기본기는 인사

김 팀장은 새로 입사한 후배로 인해 심장이 까맣게 타버렸다. 이제 갓 입사한 신입사원에게 동료들에게 인사하지 않는 행동을 지적했는데, "인사는 꼭 내가 먼저 해야 하나요?"라는 말로 돌려받았기 때문이다. 김 팀장은 더 이상 아무 말도 하지 않았다. 얼마 지나지 않아 그 신입사원은 예의 없는 사람으로 소문이 났고, 동료들에게 기피 대상이 되었다. 사람이란 존재는 생각보다 사소한 것에 마음을 열기도 하고 마음을 닫기도 한다. 인사는 사람과 사람 사이에서 마음의 문을 여는 일이다. 직장생활에도 인간관계에서도 매우 중요한 부분이다. 후배가 인사를 하지 않아도 쿨하게 이해해주는 상사는 드물다. 없다고 생각하는 편이 더 현실적이다. 상사가 인사를 하지 않는 후배에게 먼저 인사를 건네면 다정한 선배가 되지만, 후배가 상사의 인사를 기다리면 기초예절이 불량한 사람으로 낙인찍힐 뿐이다. 인사에 대해서만큼은 '미움받을 용기'보다 '기초예절을 지키는 기본기'가 필요하다.

◆ 회사생활예절 문제 ◆ 1

후배 직원이 인사를 잘한다. 상사나 동료들의 반응은?

☑ ①○○○ 후배는 언제 봐도 태도가 참 좋아.
② 인사를 하거나 말거나 내 알 바 아니다.
③ 저 인간, 아부 근성이 가득하구나.

◆ 회사생활예절 문제 ◆ 2

당신이 상사라면 어떤 직원에게 높은 점수를 줄 것인가?

☑ ① 동료들을 보면 항상 먼저 인사하는 직원
② 직급과 상관없이 상대가 인사할 때만 인사하는 직원
③ 부서 직원에게는 깍듯하게 인사하지만, 타부서 직원들에게는 인사하지 않는 직원

인사
예절

02

인사에도
방법이
있나요?

인사할 때 가장 좋은 기술은 밝은 표정이다. 그리고 하려면 제대로 하는 것이
좋다. 이름을 기억하고 첫 인사말은 성의 있게 하자.

가장 좋은 기술은 밝은 표정

인사는 상대방에게 전달되는 것이 중요하다. 어떤 식으로든 상대에게 전해지지 않는 인사는 인사가 아니다. 하는 듯 마는 듯 어정쩡하게 하는 인사 기술 점수는 10점 만점에 3점을 넘지 못한다. 인사를 한 사람은 있지만 받은 사람이 없다면 인사의 경제효과도 제로다. 단순히 고개를 까딱거린다거나 '안녕하세요' 같은 기계적인 인사보다는 성의 있는 인사를 통해 상대에게 자신의 존재감을 심어주는 것이 좋다. 그것만으로도 가정에서, 직장에서, 모임에서 자신의 존재를 쉽고 빠르게 또 효과적으로 전달할 수 있다.

인사를 하는 사람의 표정이 우중충하면 받는 사람도 불편하다. 인사를 받으면서도 찝찝하고, 내가 뭐 실수한 것이 있나 하는 생각까지 든다. 직장생활을 하다보면 상사가 부부싸움에서 생긴 불편함을 회사에까지 가지고 와서 후배를 힘들게 하는 경우를 적지 않게 본다. '부부싸움 했으니까 그럴 수도 있지'라고 이해하기보다 그저 상사의 횡포로밖에 느껴지지 않는다. 마찬가지로 동료나 후배의 칙칙한 인사도 비슷한 느낌을 준다. 당연한 말이지만 인사는 상대를 존중하는 마음을 담아야 한다. 인사할 때 마음은 보이지 않지만 표정으로 다 전달된다.

하려면 제대로

인사를 잘하기 위해서는 상대와의 아이컨택이 필수다. 인사를 할 때 상대를 바라보는 것은 장점이 많다. 우선 인사를 하는 사람도 성의 있게 인사할 수 있고, 인사를 받는 사람도 인사에 반응할 수 있는 시간을 가질 수 있다. 거기에 더해 상대를 스캔할 수 있어 '선배님, 오늘 넥타이가 멋집니다' '오늘 기분이 좋아 보이십니다' 같은 센스 있는 인사도 가능하다. 또 상대의 기분은 덤으로 파악할 수 있다. 반대로 고개를 숙임과 동시에 얼굴을 휙 돌려버린다거나 눈을 마주치지 않은 상태로 지나쳐버리면 인사를 하고도 불손하게 비칠 수 있다.

이름을 기억하는 습관

신입사원이 상사나 동료들의 이름을 기억하기란 쉽지 않다. 즉, 상대의 이름을 기억하는 것만으로도 센스 있는 신입사원이 될 수 있다. 동료들의 이름을 기억하기 위해서는 선임에게 묻거나, 좌석 배치도 같은 것을 꼼꼼히 챙겨두는 것이 유용하다. 신입사원이 상대의 이름을 기억하는 것은 자신의 이름을 상대에게 분명하게 알리는 기회이기도 하다.

첫인사말은 성의 있게

누구나 처음은 어눌하다. 내성적인 성향의 사람뿐 아니라 외향적인 사람에게도 새로운 환경은 늘 부담스럽다. 누구나 하는 인사에서 차별화를 주는 것은 준비된 느낌을 준다. 준비한 인사에서 조금의 실수가 있어도 괜찮다. 적어도 태도가 좋은 사람, 자세가 좋은 사람이라는 느낌 정도는 전달할 수 있다. 세상은 불공평한 것 투성이라고 하지만 첫인사가 주는 이미지만큼은 모두에게 공평하다. 준비된 인사는 첫 출근, 회식 자리, 비즈니스 모임 등 어느 자리에서도 다 통용이 된다. 제대로 준비한 인사는 언제나 사람을 돋보이게 만든다.

'신입사원 ○○○입니다. 잘 부탁드립니다' 정도의 가벼운 인사도 좋지만, '신입사원 ○○○입니다. 멋진 선배님들과 일할 수 있어 기쁩니다. 잘하고 싶지만 많이 부족합니다. 실수가 있으면 지적해주시고 모르는 것이 있으면 가르쳐주시고 조언해주세요. 열심히 잘 배우겠습니다' 같은 준비된 인사가 좋다. 누구에게나 첫인사는 인사 그 이상의 의미가 있다.

◆ 회사생활예절 문제 ◆ 1

후배 직원이 센스있게 인사를 한다. 상사나 동료들의 반응은?

① 후배의 인사에 기분이 좋다.
② 쓸데없이 과한 인사에 기분이 상한다.
③ 인사에 큰 의미를 두는 것은 바람직하지 않다.

◆ 회사생활예절 문제 ◆ 2

당신이 상사라면 어떤 직원에게 높은 점수를 줄 것인가?

① 눈을 마주치고 밝은 모습으로 인사하는 직원
② 인사를 하자마자 얼굴을 홱 돌리는 직원
③ 인사를 하고 빛의 속도로 사라지는 직원

다시 알아두면 좋은 인사법

\<목례\>
- 45도 목례 : 정중한 인사
  첫 만남이나 높은 상사에게 하는 인사, 감사와 사과를 전할 때
- 30도 목례 : 일반적인 인사
  상사에게 하는 인사, 고객을 응대할 때 인사
- 15도 목례 : 가벼운 인사
  자주 만나는 사람이나 좁은 장소에서의 인사, 동료 인사

\<악수 사용법\>
- 악수는 상급자나 연장자가 먼저
- 이성의 경우, 지위가 같은 경우는 여성이 남성에게
- 선배가 후배에게
- 악수는 오른손으로

\<소개할 때 순서\>
- 지위가 낮은 사람을 높은 사람에게 먼저 소개
- 연령이 낮은 사람을 연령이 높은 사람에게 먼저 소개
- 이성의 경우, 남성을 여성에게 먼저 소개한 후 여성을 남성에게
  소개

인사
예절

03

엘리베이터나
화장실에서 인사는
어떻게 하나요?

화장실이나 엘리베이터 같은 공간에서 인사하기는 조금 애매하다. 하지만 할
까 말까 고민이 들거나 애매한 상황에서는 그냥 하는 것이 좋다.

모른척 하기보다는 하는 것이 좋다

예의가 바른 사람도 인사하기 애매한 상황이 종종 생긴다. 화장실이나 엘리베이터, 생각하지 않았던 장소에서 상사를 만나면 인사하기 어색하고 애매하다. 이런 장소에서는 굳이 인사를 안 해도 된다고 말하는 사람도 있고, 해야 한다고 말하는 사람도 있다. 결국은 눈치껏 알아서 해야 한다는 이야기인데, 결론부터 말하면 해야 하나 말아야 하나 고민이 될 때는 편하게 인사를 하는 것이 좋다. 우물쭈물하다가 모른 척 지나치는 것보다는 과한 인사가 백 번 낫다.

화장실 인사 OK!

다시 말하지만 화장실에서 상사를 만나도 인사하는 거다. 신입사원 입장에서는 애매한 장소, 애매한 상황이지만 상사 입장에서는 그다지 애매한 상황도 아니다. 만약 상사나 동료가 "이런 곳에서는 인사 안 해도 돼."라고 말하면 "네, 알겠습니다." 대답하고 안 하면 된다. 화장실에서 인사한다고 해서 서로 얼굴 붉힐 일은 없다. 다만 화장실에서 인사는 과하지 않아야 한다. 평소 인사도 잘 하지 않으면서 화장실에서만 밝고 희망찬 목소리로 인사를 하면 서로 어색한 것이 당연하다.

또 한 가지 애매한 상황은 엘리베이터에서 상사를 만났을 경우다. 엘리베이터에서도 인사는 해야 한다. 하지만 사람이 너무 많아서 인사하기 어렵다면 미소와 함께 가벼운 목례를 건넨다. 다만 상황에 따라 인사 방법을 조금씩 달리하는 것은 센스다.

화장실에서 상사를 만났을 때,

- 볼일을 보는 중이 아니라면 인사를 한다.
- 상대가 시선을 회피하면 인사하지 않는다.
- 어떻게 해야 할지 모를 때는 가볍게 인사해라.
- 상사가 말을 시키지 않으면 먼저 말을 걸지 마라.

엘리베이터에서 상사를 만났을 때,

- 단둘이 탔을 경우, 정중하게 인사를 한다.
- 회사 내부 직원들이라도 사람이 많으면 가볍게 목례하거나 눈인사를 한다.
- 외부 사람들과 뒤섞여 있을 때는 가벼운 눈인사나 목례를 한다.

상사를 외부에서 만났을 때

- 상사와 가까운 곳에 있으면 앞에 가서 인사를 한다.
- 상사와 눈치 마주쳤는데 거리가 멀다면 목례를 한다.
- 상사가 자신을 보지 못한 것 같아서 바로 앞의 상사에게 인사를 하지 않는 것은 결례다.

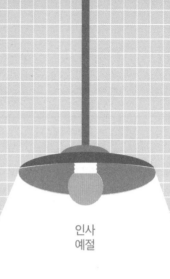

인사
예절

04

타 부서
직원에게도
인사해야 하나요?

사람은 언제 어떻게 만날지 모른다. 타 부서 직원에게 좋은 이미지를 심어주
는 도구는 인사뿐이다.

인사로 만든 좋은 이미지는 좋은 무기

결론부터 말하면 당연히 인사해야 한다. 밝은 모습으로 편하게 인사하면 되지만 직급이 높은 임원이나 연장자라면 부서를 떠나 정중하게 인사하는 것이 예의다. 상대가 나를 잘 몰라 어색할 거라고 생각하지 않아도 된다. 인사 잘하는 장점은 일일이 열거하지 못할 만큼 많다. 직장생활을 1년만 하고 그만둘 것이 아니라면 인사를 나눈 사람들과 언젠가 같이 일한다. 인사로 만든 좋은 이미지는 언제고 좋은 무기가 된다. 파티션 건너가 아니라 지구 반대편에 있는 동료라 할지라도 매일 부대껴야 하는 동료라면 인사를 해야 한다. 몇 번을 강조하지만 인사 예절은 직장인에게 가장 중요한 능력이다. 매일 마주치는 동료와 인사 없이 한두 번 지나치다보면, 인사를 해야 하는 상황에서도 어색한 관계가 될 수 있다. 인사해서 어색한 상황이 하지 않아서 어색한 상황보다 백 번 천 번 낫다. 서로 얼굴도 모를 만큼 규모가 큰 대기업이라면 내부 상황에 맞게 하면 된다.

사람은 언제 어떻게 만날지 모른다

H 기업에 다니는 김 대리는 직장생활 6년 차지만 아직도 인사가 부담스럽고 어렵다고 말한다. 회사에 입사했을 때 선배들이 타 부서 직원들과는 인사를 나누지 않는 것 같아 굳이 인사를 하지 않았다. 매일 얼굴을 보고 지나치기는 했지만 '굳이 파티션 건너에 있는 타 부서 직원에게까지 인사를 해야 할까?' 생각이 들었다. 그런데 입사 6년 차가 되면서 매일 인사 없이 지나치던 파티

션 건너 팀으로 인사발령이 났다. 부서를 옮긴 날부터 생긴 어색함은 이루 말할 수가 없다. 매일 얼굴을 마주치면서 6년 동안 인사 한 번 하지 않은 사람들과 어색하지 않다면 더 이상할 일이다. 부서를 옮긴 이후 상사와 선배들에게 정중하게 인사를 하지만 이상하게도 외면받는 느낌이 든다. 몇몇 선배들처럼 인사하지 않고 그냥 지나쳤을 뿐인데 발령받은 부서의 선배들에게 김 대리에 대한 평가는 좋지 않았다. 입사부터 선배나 동료들에게 인사조차 제대로 하지 않는 직원으로 낙인찍혔기 때문이다.

회사는 여러 사람을 만나는 장소

다른 동료가 인사하지 않는다고 해서 그대로 따르는 것은 단점이 많다. 단점을 배우는 것은 결국 김 대리와 같은 드라마틱한 상황으로 몰아넣기도 한다. 김 대리는 이미지를 바꾸기 위해 무던히 노력하고 있다. 마음에도 없는 웃음을 짓기도 하고 보지 않아도 되는 눈치까지 본다. 만약 타 부서의 직원들에게 인사만 잘했어도 발령받은 부서에 지금보다 더 빨리 적응하고, 더 즐겁게 어울릴 수 있지 않았을까? 직장생활을 1년만 하고 말 것이 아니라면, 회사라는 곳은 돌고 돌아 여러 사람을 만나게 되는 장소임을 기억하자.

◆ 회사생활예절 문제 ◆ 1

타 부서 직원들에게도 인사를 잘한다. 상사나 동료들의 반응은?

✔ 동료의 인사에 기분이 좋다.
② 잘 모르는 직원이 인사해서 불편하다.
③ '타 부서 직원들에게는 인사하지 않아도 된다'고 말해준다.

◆ 회사생활예절 문제 ◆ 2

당신이라면 어떤 직원에게 높은 점수를 줄 것인가?

✔ 회사에서 만나는 모든 사람에게 밝은 모습으로 인사하는 직원
② 다른 동료에게는 인사하지 않지만 부서 직원에게는 깍듯하게
   인사하는 직원
③ 자신에게 영향력이 있는 동료와 아닌 동료에 대한 인사 구분이
   확실한 직원

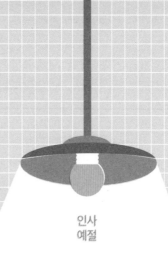

인사
예절

05

전화통화 중에
인사는
어떻게 하나요?

전화 통화 중에는 인사를 하기가 애매하다. 그럴 때는 상대에 따라 인사 방법
을 조금씩 바꿔 하는 것이 좋다.

회피하기보다는 적절한 방법 찾기

회사라는 곳은 예상치 못한 상황이 많은 곳이다. 그때마다 적절한 판단을 통해 순간 대처를 잘하는 것이 중요하다. 실수하지 않기 위해서는 학습을 통해서도 배워야 하고 선배들의 행동을 보면서도 배워야 한다. 인사를 할 때도 애매한 경우가 종종 발생하지만, 당황하지 않는 자연스러운 대처능력이 중요하다. 만약 인사를 해야 하는 타이밍에 자신이 통화 중이거나 상사가 통화 중이라면 상황에 따라 적절한 방법을 선택해야 한다. 애매한 상황이라고 해서 시선을 회피하거나 외면하는 방법은 좋은 방법이 아니다. 해야 하나 말아야 하나 하는 상황에서는 회피보다는 인사 잘하는 방법을 찾는 것이 더 현명한 방법이다.

☞ **자신이 통화 중인 상황이라면,**

- **선배나 동료가 출근하거나 퇴근할 때,**

   ▶ 앉은 상태에서 가볍게 목례한다.

- **직급이 높은 상사가 출근하거나 퇴근할 때,**

   ▶ 통화하는 상대방에게 잠시 양해를 구하고 일어서서 정중하게 인사한다.

- **인사를 해야 하는 상대보다 더 높은 상사와 통화 중인 경우,**

   ▶ 상사와 통화를 이어가는 것이 예의다. 인사를 하기 위해 상사를 기다리게 하는 것은 결례다. 하지만 이 경우에도 목례 정도는 하는 것이 예의다. 단 상사가 오해할 여지가 있으므로 통화가 끝난 후에 상사를

찾아가 정중하게 인사하는 것이 좋다.

☞ 상사가 통화 중일 때,

인사를 해야 하는 시점에 상사가 통화 중이라면 상사의 통화를 방해하지 않는 것이 예의다. 이럴 때는 상사와 시선을 마주치고 가볍게 목례하면 된다.

☞ 통화 중일 때, 상사가 말을 거는 경우

통화 중인 것을 몰라서 말을 시키는 경우와 통화 중인 것을 알면서 말을 시키는 경우다. 전자의 경우라면 상사에게 통화 중임을 확인시켜주고 통화가 끝나면 상사에게 찾아가 용건을 물으면 된다.

후자의 경우라면 급한 통화가 아닐 경우 상대에게 '잠시 뒤에 전화를 드리겠다'고 양해를 구하고 상사의 대화에 응해야 한다. 만약 중요한 내용의 통화라면 상사에게 양해를 구해야 한다. 이때는 상사가 분명하게 확인할 수 있는 언어나 메모, 제스처를 취해야 한다.

☞ 상사와 대화중에 전화가 걸려올 경우

이런 상황에서 무턱대고 전화를 받는다거나 전화를 받기 위해 자리를 뜨는 것은 상사에게 결례다. 중요한 전화라면 상사에게 먼저 양해를 구하고 전화를 받는 것이 예의다.

◆ 회사생활예절 문제 ◆ 1

통화 중에 상사가 호출을 한다. 어떻게 하는 것이
좋을까?

① 중요한 내용이 아니면 전화를 끊고 상사의 호출에 응한다.
② 통화 중이므로 상사의 호출은 무시해도 된다.
③ 못 들은 척한다.

◆ 회사생활예절 문제 ◆ 2

당신이라면 어떤 직원에게 높은 점수를 줄 것인가?

① 통화 중이지만 가볍게라도 인사하는 직원
② 통화 중에는 상사에게 인사하지 않는 직원
③ 상사와 대화 중에 친구에게 걸려온 전화를 받기 위해 자리를 뜨
　는 직원

인사
예절

06

여러 번 마주쳐도
매번 인사해야
하나요?

여러 번 마주쳐도 인사하는 것이 좋다. 해야 하나 말아야 하나 생각이 들면 하
는 것이 좋다. 인사를 잘해서 생기는 단점은 없다.

인사는 볼 때마다 가볍게

회사는 인사를 한 이후에도 상대를 여러 번 마주치는 경우가 많다. 인사를 또 해야 하는 건지, 조금 멋쩍어도 그냥 지나치는 것이 맞는 건지 고민될 때가 있다. 인사하기 어정쩡한 상황이 있는 것은 맞지만 인사만큼은 해답이 명쾌하다. 해야 하나 말아야 하나 고민될 때는 그냥 인사하는 것이 좋다.

여러 번 마주칠 때 인사는 조금 가볍게 하는 것이 좋다. 단, 상사가 외부 인사와 같이 있는 경우에는 멈춰 서서 정중하게 인사를 한다. 인사는 사소한 것이지만 이런 경우 상사의 위신도 살리고, 회사의 좋은 이미지를 심어줄 수 있다.

인사는 볼 때마다 하는 것이 좋다. '인사는 하루에 한 번'이라는 원칙을 인사받는 사람이 사용하면 쿨한 사람이 되지만, 인사를 해야 하는 사람이 사용하면 예의 없는 사람으로 비친다.

인사를 하지 않아도 되는 상황
- 상대가 일부러 시선을 회피할 때
- 상대가 질책을 하고 있거나 질책을 받고 있을 때

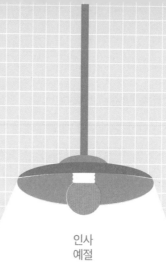

인사
예절

07

상사가
인사 예절을
지키지 않을 때는?

예의에 대한 개념 자체가 없는 사람이 아니라면 일부러 인사를 하지 않는 경우는 드물다. 사실 후배 인사를 제대로 받지 않는 상사가 인사 예절을 지적할 만한 자격이 있는지 의문이다. 인사는 지위 고하 막론하고 성의껏 하는 것이 기본이다.

직장은 예의를 지켜야 사는 공간

요즘 사람들은 양보를 잘 하지 않는다는 말을 자주 한다. 지하철이나 버스에 노약자석과 임산부 배려석이 생긴 것은 양보와 배려가 부족한 요즘 사람들의 모습과 무관하지 않다. 과거에는 그런 배려의 자리가 필요하지 않았다. 노약자를 발견하면 자연스럽게 자리를 양보했고, 큰 짐을 들고 있는 사람을 보면 고민 없이 짐을 들어줬다. 사람들이 양보를 잘 하지 않는 현상에 대해 두 가지 이야기가 있다.

한 가지는 인구 고령화로 인해 노인 인구가 너무 많아져서, 또 한 가지는 사회가 각박해지고 자기중심적으로 변했기 때문이라는 것이다. 꼭 이것만이 이유는 아닐 것이다. 지하철에서 자리를 양보했는데 인사 한마디 없이 자연스럽게 자리에 앉는다거나, 헐레벌떡 뛰어오는 사람을 보고 엘리베이터를 잡아주었는데 인사 한마디 없는 사람을 자주 경험한다. 이런 경우 양보하거나 배려한 사람의 기분이 좋을 리 없다. 사람들이 양보를 잘 하지 않는 것은 상대에 대한 무례함을 여러 차례 경험하고 지속적으로 학습한 효과도 한몫한다. 배려를 당연시하고 고마움조차 표현하지 않는 사람들은 언제 어디에나 있다.

상사가 후배의 인사를 잘 받는 것도 당연한 예의

이는 인사 문화에도 그대로 적용된다. 상사라 할지라도 후배의 인사를 받지 않는 것은 매너가 아니다. 후배들도 인사를 받지 않는 상사의 무례를 여러 차례 경험하면 기분이 나쁘다. 후배가 상사에게 인사를 하는 것이 당연한 예의라면, 상사가 후배의 인사를 받는 것도 당연한 예의여야 한다. '반드시 상사에게 인사를 해야 하나요?'라는 젊은 세대의 목소리는 그냥 생긴 것이 아니다. 과거에는 상사의 행동이 잘못 되거나 불합리해도 참았지만, 지금의 세대는 감정을 있는 그대로 표출하는 세대다. 좋은 리더가 되기 위해서는 현실을 직시해야 한다. 예의에 대한 개념 자체가 없는 사람이 아니라면 일부러 인사를 하지 않는 경우는 드물다. 사실 후배의 인사를 제대로 받지 않는 상사가 인사를 받을 자격이 있는지 의문이다.

S 기업 정 상무는 카리스마가 작렬하는 사람이다. 기분이 좋을 때는 인사를 잘 받지만, 기분이 좋지 않은 날은 상황에 따라 그때그때 다르다. 집에서 부부싸움이라도 하고 출근한 날은 그 누구의 인사도 받지 않는다. 문제는 정 상무의 부부싸움이 너무 잦다는 것이다. 그런 날이면 부서 직원들은 눈치를 보느라 일을 제대로 할 수 없을 정도다. 타 부서의 직원들조차도 그를 피한다. 상사인 이유로 마주칠 때마다 인사를 하지만 그때마다 얼굴을 빤히 쳐다보고 지나쳐버린다. 직원들이 이런 상사에게 인사를 하는 것은 혹시나 자신이 험한 꼴 당할까 싶어서다.

직장은 격을 무너뜨려야 사는 공간이 아니라 예의를 지켜야 사는 공간이다. 모든 직장인에게 중요한 문제지만 직급을 높여가는 상사에게는 더 중요한 문제다. 후배가 예절을 지키지 않으면 알려주거나 조언을 하지만, 상사의 비매너는 대체로 방법이 없다. 혹여라도 이것을 카리스마로 생각하는 사람을 만나면 직원들은 미치기 일보직전이 된다. 후배들은 이런 상사를 두고 대체로 '또라이'

라고 부른다. 상사의 리더십에 대항하거나 예절 부족을 지적해줄
수 있는 후배는 없다. 직급이 올라갈수록 스스로를 돌아보는 것
은 능력이다. 그래야 월급 많이 받는 직장인이 아니라 상사나 리
더라는 호칭에 어울리는 사람이 된다.

 직장인들이 인사하는 것을 싫어하거나 부담스럽게 느끼는 이
유는 딱 두 가지다. 한 가지는 인사를 했는데 인사를 받아주지 않
아서, 다른 한 가지는 인사를 해야 할지 말아야 할지를 모르는 경
우다. 상사가 인사를 잘 받는 당연한 행동만으로도 후배들은 인사
라는 기초 예절을 잘 지킨다. 직위 고하를 막론하고 상대가 인사를
하면 먼 산 쳐다보지 말고 인사를 받는 것이 회사에서의 기초생활
예절이다. 후배도 상사도 지키지 않으면 다 무개념 인간이 된다.

◆ 회사생활예절 문제 ◆ 1

상사가 후배의 인사를 잘 받지 않는다. 직원들의 마음은 어떨까?

① 뭐, 저런 개념 없는 인간이 다 있지.
② 상사는 원래 그런 존재다.
③ 저 사람은 '존멋'이다.

◆ 회사생활예절 문제 ◆ 2

당신이라면 어떤 상사에게 인사를 하고 싶을까?

① 항상 웃는 모습으로 인사를 받는 상사
② 직급이 낮은 직원의 인사는 받지 않는 상사
③ 사람 가려가며 인사를 받는 상사

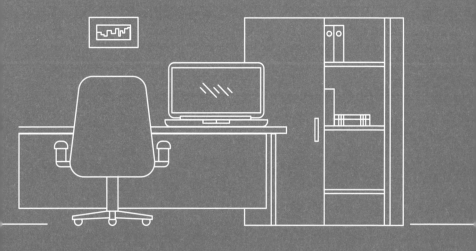

03

근태예절

근태
예절

01

지각, 조퇴, 결근
어떻게
처리하죠?

지각이 예상되면 바로 보고하고, 조퇴는 사전 승인이 원칙이다. 결근은 반
드시 휴가 처리한다.

근태가 불량한 직원은 비호감

근태는 회사와의 약속인 동시에 기초생활예절이다. 특별한 경우가 아니면 지각, 조퇴, 결근은 개념 없는 행동이므로 하지 않는 것이 원칙이다. 불가항력적인 경우라고 할지라도 상사에게 즉시 연락을 취해 업무 공백을 최소화해야 한다. 피치 못할 사정이 있는 경우라도 조퇴, 결근 등이 발생했을 때는 사후에 반차나 휴가 처리를 하는 것은 당연하다. 정상적인 업무 처리 절차만 지켜도 상사와 동료 간 불필요한 마찰을 줄일 수 있다. 직장인을 대상으로 한 설문에서 회사나 상사뿐 아니라 동료들조차 선호하지 않는 직원 1위는 근태가 불량한 직원이었다. 열정이 부족하거나 책임감이 부족한 직원보다 비선호 비율 수치가 두 배가량 높았다.

지각이 예상되면 즉시 보고

빤히 지각할 것을 알면서도 출근 시간을 넘길 때까지 뭉개는 직원들이 있다. 결코 바람직한 행동이 아니다. 지각이 예상되면 그 사실을 알았을 때 즉시 상사나 동료에게 알려야 한다. 그래야 다른 동료들에게 피해가 가지 않고 업무에 지장을 주지 않는다. 간혹 5~10분 정도 늦는 것은 지각이 아닌 것처럼 생각하는 사람이 있다. 부디 정신 차려라. 어쩌다 한 번쯤 늦는 것은 지각이지만, 매일 5~10분 늦는 행동을 반복하는 것은 몰지각이다.

조퇴는 사전 승인이 원칙

조퇴는 사전 승인이 원칙이다. 부득이하게 조퇴해야 할 사유가 생겼다면 상사에게 사정을 설명하고 양해를 구해야 한다. 이때 회사의 규정에 의해서 반차나 휴가를 사용하는 것은 당연한 절차다. 갑작스러운 사정이 생겼는데 상사가 자리를 비운 경우가 있다. 잠깐 자리를 비운 것이라면 자리에 돌아오기를 기다렸다가 대면 보고를 하고 조퇴를 하는 것이 원칙이다. 만약 상사가 언제 돌아올지 모르는 상황이거나 부득이하게 대면 보고가 어려운 상황이라면 유선으로라도 보고해야 한다.

상사가 회의 참석 등의 이유로 그마저도 어려운 상황이라면 선임에게 사정을 설명하고 상사에게 내용이 전달될 수 있도록 해야 한다. 이런 경우라도 상사의 자리에 메모를 남기는 것은 예의다. 그리고 사후에라도 조퇴 사유를 설명하고 양해를 구해야 한다.

부득이하게 결근해야 하는 상황이 발생했다. 상사에게 유선으로 보고하는 것이 당연한 예의다. 이럴 때는 동료에게 부탁해서라도 휴가원 처리를 하는 것이 우선이다. 그마저 여의치 않다면 다음 날 출근해서 즉시 휴가원을 제출해야 한다. 이때 상사와 동료들에게 미안함을 전하는 것은 당연한 일이다. 그것이 상사와 동료에 대한 기본적인 도리다.

S 반도체 심 팀장은 팀원의 반복되는 지각에 주의할 것을 지적했다가 당황스러운 변명을 들었다. '매번 집에서 7시에 출발하는데 9시 20분 도착인 것을 어떻게 합니까?'라는 말대답에 기가 막혔다. 그런 상황이라면 집에서 20~30분을 일찍 나오는 것이 맞다. 아무리 논리적인 변명이라 해도 그것은 지각하는 사람이 스스로 해결해야 하는 문제지, 상사나 동료가 이해해야 하는 문제가 아니다.

근태 예절

① 지각해도 인사는 한다.

② 지각, 조퇴, 결근은 반복하지 않는다.

③ 거짓말은 하지 않는다.

④ 예측 가능한 일은 사전에 보고한다.

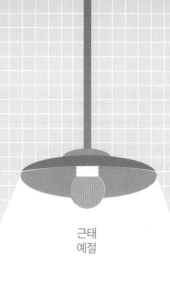

근태
예절

02

갑자기 아플 때는
누구에게 먼저
이야기해야 하나요

갑자기 아프거나 일이 생길 때는 가장 먼저 선임에게 알리고 중요한 업무도
함께 전달한다. 그리고 미안함과 감사함을 꼭 표현한다.

상사나 선임에게

갑자기 몸이 아파서 출근할 수 없는 경우, 상사나 선임에게 먼저 연락을 취해야 한다. 너무 늦게 전화하는 것은 '사후약방문' 같은 느낌을 줄 수 있으므로 주의해야 한다. 만약 상사가 전화를 받지 않는다면 음성메시지나 문자로라도 알린다. '오늘 아파서 출근하지 못합니다' 같은 식의 성의 없는 통보성 메시지보다는 자초지종을 정확하게 알려주는 것이 좋다. 특별한 경우가 아니라면 상사와 직접 통화를 하는 것이 매너다.

중요한 업무는 알린다

당일 중으로 처리해야 하는 긴급한 업무나 전달해야 할 중요한 업무가 있다면 상사나 동료에게 알린다. 전달하지 않아도 상사나 동료들이 알 것이라 생각이 들어도 자신의 업무와 관련된 것이라면 확인시켜주어야 한다. 그래야 상사와 동료들이 실수 없이 일을 처리할 수 있다. 너무 각박한 것 같지만 회사는 월급을 받고 일하는 비즈니스 공간이고 지켜야 할 의무가 있는 공동체다. 이런 기본적인 규칙을 지키지 않으면 피치 못하게 결근한 사람은 무개념이 되고, 상사나 동료들은 특별한 사정으로 출근하지 못한 후배를 질책해야 하는 정 없는 매정한 사람이 된다.

미안함과 감사함을 전한다

아픈 것이 미안해할 일은 아니다. 그렇지만 어떻게든 업무에 지장을 주는 것이 사실이므로 형식적으로라도 미안함을 표시해야 한다. 또한 자신의 업무를 대신 처리해준 상사나 동료들에게 고마움을 전해야 한다. 누구나 아플 수 있고 누구나 실수할 수 있다. 하지만 대처를 어떻게 하느냐에 따라 어쩔 수 없는 일이 되기도 하고 잘못이 되기도 한다. '뭐, 누구나 아플 수 있는 거 아니야?'라는 식으로 대처해버리면 그 행동을 바라보는 사람은 어쩔 수 없는 상황이 아니라 '잘못'으로 인식하게 된다.

반드시 휴가원을 제출한다

반복적으로 언급하지만 휴가원을 제출하는 것은 당연한 일이다. 몸이 아프다는 이유로 양해를 구하는 것이 사적인 예절이라면, 휴가원을 제출하는 것은 응당히 처리해야 할 공적인 예절이다.

◆ 회사생활예절 문제 ◆ 1

근태가 불량하다. 동료들의 마음은 어떨까?

① 뭐, 저런 개념 없는 인간이 다 있지.
② 조금 늦을 수도 있지. 뭐, 그런 걸 가지고.
③ 저 친구는 회사가 놀이터로 보이나.

◆ 회사생활예절 문제 ◆ 2

당신이라면 어떤 직원에게 높은 점수를 줄 것인가?

① 근태 예절을 잘 지키는 직원
② 지각은 잦지만, 10분 이상 늦지 않는 직원
③ 결근에 대해 상사가 지적할 때까지 휴가원을 내지 않는 직원

근태
예절

03

외근 가는데
일일이 보고해야
하나요?

외근 보고는 기본이다. 시간 소요가 많은 일은 정확하게 보고해야 한다. 그리고 외근에 돌아와서도 외근 보고서를 작성한다.

외근 보고는 기본

외근을 나갈 때는 회사의 규정 여부와 관련 없이 동료들과 외근 내용을 공유해야 한다. 이런 기본적인 예절만 지키면 직장생활을 하면서 생기는 불편함이 많이 줄어든다. 상사 역시 외근을 나가거나 장시간 자리를 비울 때는 직원에게 알리는 것이 매너다. 외근 보고는 업무상 또는 다른 이유로 사람을 찾아야 할 때, 시간 낭비와 불편함을 줄이는 일이다.

개인적인 사유로 장시간 자리를 비우든, 업무적인 이유로 외근을 나가든 보고를 하는 것은 회사생활의 기본이다. '업무 때문에 나가는데 그때마다 일일이 보고해야 하나요?'를 묻는다면 정답은 YES다. 문구점이나 편의점을 가거나 잠시 휴식을 하기 위해 시간을 사용하는 것이 아닌, 일정 시간 이상 자리를 비워야 한다면 사유와 행선지 보고는 기본이다. 업무시간은 스스로 시간을 관리하고 업무를 수행하면 되지만, 그 시간은 회사와 약속된 시간이라는 것을 잊어서는 곤란하다.

보고는 정확하게

외근 보고를 할 때는 기본적으로 세 가지 사항이 포함되어야 한다. 첫째 시간, 둘째 행선지, 셋째 외근사유다. 시간의 경우 출발하는 시간과 복귀 예정시간을 포함해야 한다. 상사의 경우 이 세 가지 내용이 공유되어야 업무 조정 여부를 판단할 수 있고, 동료의 경우도 협의가 필요한 경우 업무를 조율할 수 있다. 개인적인 일로 갑자기 손님이 찾아왔거나, 긴 시간 자리를 비워야 하는 경우라면 반차를 내는 것이 원칙이지만 회사의 룰을 따르면 된다. 회사에 반차 제도가 없다면 상사나 동료에게 양해를 구하고 외출을 하는 것이 예의다. 외근을 나가야 하는 상황에 상사가 자리를 비웠다면 메모를 남기고 유선으로라도 보고를 하는 것이 좋다. 선임에게 자신의 외근 목적과 행선지를 알리는 것은 당연한 일이다.

책상에 메모 남겨두기

보고하고 외근을 나가도 상사들이나 동료들이 자신을 찾는 경우가 종종 있다. 보고받은 것을 깜빡 잊어버린 경우도 있지만, 보고를 받은 사람이 아니면 외근 사실을 알지 못하기 때문이다. 이때 누구나 볼 수 있도록 행선지와 외근 내용을 공유하면 여러 사람의 불편함이 줄어든다. 동료 입장에서 외근 사실을 알지 못해 자리에 있는지 몇 번씩 확인하거나 전화를 계속하는 등의 불편을 겪지 않는다. 동료들에게도 도움이 되는 일이고 자신에게도 유익한 일이다. 거기에 깔끔한 업무 이미지는 덤이다.

복귀해서도 반드시 보고한다

모든 일에는 시작과 끝이 있어야 한다. 외근 갔다가 복귀해서도 보고를 해야 한다. 외근을 나간다고 했던 직원이 쥐도 새도 모르게 자리에 앉아 있다면 외근을 나간 것인지 들어온 것인지를 알기가 어렵다. 상사의 입장에서는 외근을 다녀온 직원이 복귀는 했는지, 다녀왔다면 어떤 결과가 있었는지, 특이사항은 없었는지를 궁금해하는 것은 당연한 일이다. 설령 보고할 내용이 없거나 보고를 별도로 할 계획이라도 복귀 사실을 알리는 것은 당연한 절차다.

외근 예절

- 외근 일정은 상사에게 보고하고 동료들과 공유한다.
- 외근 나갔다가 복귀할 때 복귀 사실을 알린다.
- 외근 복귀하고 중요한 전달사항을 정리해서 보고한다.

외근 보고서

- **보 고 자** 기획팀 홍미생 대리
- **외근시간** 2000. 00. 00. 10:30~15:40
- **외근사유** 당사 홍보전략 변경에 따른 홍보대행사 협의
- **참 석 자**
  - 당사 : 홍보팀 ○○○ 차장, 기획팀 홍미생 대리
  - (주)강남 : 김○○ 상무, 송○○ 과장
- **내　용**
  - 당사 요구 : 추가비용 없이 홍보기간/횟수 조정 요청
    (기존 3개월 15회 → 4개월 20회)
  - (주)강남 : 인력 추가 투입을 통해 기간 조정 및 횟수조정 수용
- **이　슈**
  ① 홍보주관사 (주)강남의 기간 및 횟수 증가분에 따른 추가비용 요청
  ② 당사의 홍보 예산 부족으로 추가비용 최소화 요청
- **결　론**
  - 홍보주관사에서 추가 내용을 반영하여 15일 이내로 재 견적을
    제출하기로 함
  - 단, 당사 사정을 고려하여 추가비용은 최소화하기로 합의
  ※ 홍보주관사인 (주)강남의 견적서 수령 후 정식 보고서를 결재 올릴 예정임

참석자 기획팀 ○○○ 차장 (인)
참석자 기획팀 홍미생 대리 (인)

※ 필요에 따라 결재 라인 추가

외근 알림 메모 (예시)

외근 알림

외 근 자 기획팀 홍미생 대리

외근시간 2000년 00월 00일 AM 10:30~PM 15:40

장   소 홍대 소재 (주)강남

외근사유 홍보주관사와 업무일정 변경 협의

※ 외근 중에는 통화가 어렵습니다.
　 급한 용무는 문자를 보내주시면 바로 연락드리겠습니다.

근태
예절

04

외근 중
퇴근 시간이
다 되었을 때는?

외근 나갔다가 퇴근 시간이 다 된 경우 쓸데없는 오해를 받지 않으려면 중간
보고를 정확히 하면 된다.

외근 시간 계획 세우기

외근자는 외근의 시작부터 끝나는 시간까지 고려하여 계획적으로 움직여야 한다. 생각 없이 외근을 나갔는데 퇴근 시간이 되면 잘못한 것도 없는데 눈치가 보이는 것이 사실이다. 외근 업무가 늦어졌을 때 상사가 '현장에서 바로 퇴근해'라는 사인을 주면 좋겠지만 대체로 그렇지 않은 경우가 많다. 대체로 상사의 성격에 따라 변수가 많다. 이럴 때 일찍 퇴근하기 위해 꼼수를 쓴다거나 다른 오해를 받지 않기 위해서는 시간 계획이 철저한 것이 좋다.

일찍 나가서 빨리 복귀할 수 있는 일인지, 일찍 나가도 끝나는 시간이 불투명한 일인지, 사정상 늦게 나가서 업무를 처리하고 현장 퇴근을 해야 하는 일인지는 사전에 파악하자. 외근을 나갈 때부터 업무 일정을 고려하지 않고 나가면 상사는 직원의 현장 퇴근에 믿음을 가지기가 어렵다. 외근을 나갈 때부터 시간 사용계획을 정확하게 공유하자. 변수가 있는 경우 보고하고 현장 퇴근하는 방법을 택해야 한다. 외근 나갈 때부터 자신의 업무 이해도가 높고 계획적인 것이 느껴진다면 상사로서는 직원을 신뢰하지 않을 이유가 없다.

외근 시간 오해받지 않으려면

만약 늦어질 것이 예상되는 상황이라면 어떤 이유인지, 어떻게 할 계획인지 사전에 보고하는 것이 좋다. 외근 중에 돌발 변수가 있다면 중간보고를 서슴지 말아야 한다. "팀장님, 업무가 늦게 끝났습니다. 사무실에 들어가면 퇴근 시간인데 여기서 바로 퇴근하겠습니다." 같은 직설화법보다는, "팀장님, 중간에 보고 드린 것처럼 ○○○ 사유로 일이 조금 늦어졌습니다. 사무실에 들어가면 퇴근 시간을 넘길 것 같은데 현지에서 바로 퇴근해도 될까요? 혹시 급한 일이 있으면 사무실로 복귀하겠습니다." 같은 방식으로 보고하는 것이 더 효과적이다.

중간보고를 현명하게 사용하기

상사가 까칠하거나 직원에 대한 신뢰가 없는 경우가 아니라면 직원의 이런 보고에 '응, 됐고. 들어와서 퇴근해'라고 하는 경우는 많지 않다. 상사의 심기를 건드리지 않으면서 마음 편하게 현장 퇴근하기에 좋은 방법을 써야 한다.

사실 회사라는 공간은 사소해 보이는 것을 보고만 잘해도 불편한 일이 많이 줄어든다. 외근만 나가면 함흥차사인 직원이 매번 특별한 사유 없이 현지 퇴근을 하겠다고 하면 상사는 꼰대로 변하기 십상이다. 직원의 업무 내용과 일정이 공유되지 않고 나가서 무엇을 하는지도 모르는 상황이라면 상사로서 의심하는 것이 당연하다.

외근 보고서에 대한 생각

회사에 외근과 관련한 별도의 규정이 있다면 그 기준을 따르면 된다. 별다른 기준이 없다면 구두보고를 하면 된다. 다만 특이사항이 있는 경우에는 간략하게라도 보고의 형태를 띄는 것이 좋다. 상사의 궁금증을 정확하게 풀어주는 것이 인정받고 일도 편하게 하는 방법이다. 만약 상사가 자리를 비웠다면, 외근에 대한 간략한 내용을 작성해서 잘 보이는 곳에 놓으면 된다. 다시 말하지만 특이사항이 있는 경우에는 보고의 형태를 갖추는 것이 좋다.

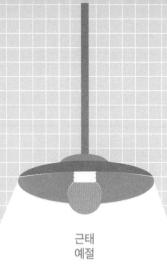

근태
예절

05

직장 상사와의 출장, 어떻게 대처할까요?

직장 상사와의 출장은 어려운 자리다. 아무리 편하더라도 지킬 건 지킨다.

출장의 시작은 철저한 준비로부터

출장은 준비부터가 시작이다. 혼자 가는 출장에도 준비가 필요한 것은 당연한 일이지만, 상사와의 출장에서 실수하지 않기 위해서는 제대로 된 준비가 필요하다. 평소 업무시간에는 눈에 띄지 않던 것들도 상사와의 출장에서는 더 잘 띄게 마련이다. 즉 장점을 보여줄 수도 있고 단점을 두각시킬 수도 있는 시간이다. 출장에서 빈틈이 많으면 준비성이 부족하거나 업무능력이 떨어지는 직원으로 보인다. 반대로 빈틈없이 꼼꼼하게 일처리하면 탁월한 직원이라는 이미지를 준다. 감각 있는 직원들은 이런 시간에 상사의 마음을 사로잡는다. 누군가에게는 기회가 되고 누군가에게는 불편한 시간이다.

출장 전 체크리스트 작성하기

출장 전에 체크리스트를 작성해서 스스로 시뮬레이션을 해보아야 한다. 업무와 직접적으로 관련이 없어 보이는 이동 동선이나 식사메뉴 같은 사소한 것까지 챙기면 좋다. 그래야 어이없는 실수를 하지 않는다. 출장을 가는데 예약을 해야 하는 것들이나 이동 수단, 숙소나 음식 등에 문제가 생기면 곤란하다. 일정표를 작성할 때는 동행하는 상사에게 사전질문 등을 통해 빠진 것이 있는지, 특별하게 신경 써야 하는 것이 있는지 등을 꼼꼼하게 확인해서 준비해야 한다. 작성을 완료한 이후에도 최종 보고를 통해 검증하는 것이 좋다.

승용차 좌석 예절

상사와 동행할 때 승용차로 이동하는 경우, 상석에 대한 좌석 예절을 알아두는 것이 좋다. 좌석 예절은 상사에 대한 예의이기도 하지만 꼭 알아두어야 하는 비즈니스 예절이다. 승용차의 경우 운전석의 대각선 뒷자리가 가장 상석이고, 운전석 바로 뒷자리는 두 번째, 조수석은 세 번째, 뒷자리의 중간 자리는 말석이다. 하지만 예외도 있다. 탑승자가 많아 뒷자리가 불편한 경우에는 조수석이 가장 상석이 된다. 이럴 때는 임의로 좌석을 안내하는 것보다는 상사에게 의견을 묻는 것이 좋다. 상석이 아무리 좋아도 뒷자리에 빽빽하게 끼어 타는 것을 불편하게 느끼는 상사가 있다. 상사가 직접 운전하는 경우에는 조수석이 가장 상석이 되지만 둘만의 출장에서는 조수석에 앉는 것이 당연한 일이다. 택시를 이용할 때도 동일하다.

상사가 편해도 지킬 건 지켜라

G사에 근무하는 유 부장은 김 사원과 지방 출장을 동행하는 길에 어이없는 상황을 겪었다. 장거리 운전을 배려해 상사인 자신이 운전을 하는데 후배는 코까지 골면서 졸았기 때문이다. 게다가 잠에서 깬 직원의 요청으로 편의점 앞에 차를 세웠는데 편의점에 들어가 자신이 마실 커피 한 잔만 사서 나오는 미친 센스를 발휘했다. '나는 입이 아닌가?'라는 유 부장의 말에 후배는 '어, 부장님은 커피 안 드시잖아요?'라고 말했다. 이런 예의 없는 직원에게 좋은 마음을 가지는 상사는 어디에도 없다. 이 이유만은 아니었지만 결

국 이 직원은 회사에서 오래 버티지 못했다.

장거리 출장에서 상사가 운전을 자청했다면 중간에라도 교대 의사를 묻는 것이 예의다. 교대해주겠다는 요청에도 상사가 계속 운전을 한다면 상사가 졸리지 않도록 말을 붙인다거나 음료나 간식거리를 준비해서 운전을 돕는 것은 동승자로서의 예절이다.

복귀 후 출장 보고서는 후배가 쓴다

출장 보고서는 필수다. 상사와 동행했다고 해서 출장 보고의 의무가 없어지는 것은 아니다. 상사와의 동행 출장 보고의 경우, 상사와 결부된 내용까지 같이 작성하는 것은 기본이다. 회사 규정에 의해 비용이나 일비를 청구해야 하는 경우라면 상사와 관련된 내용까지 챙기는 것은 기본이다.

자동차 탑승예절

- **상사와 나, 2명일 때**
  상사가 운전을 하는 경우, 조수석에 앉는다.

- **상사 2명과 나, 3명일 때**
  상사가 운전을 해도, 운전을 하지 않아도 조수석에 앉는다.

- **상사 4명과 나, 5명일 때**
  상사가 운전을 하는 경우, 뒷좌석 가운데 자리에 앉는다.

- **상사 1명, 신입사원 2명일 때**
  상사가 운전을 하는 경우, 한 명은 조수석에 앉고 다른 한 명은 뒷자리에 앉는다.

※ **RV차량의 경우,**
단둘이 탑승할 때는 조수석 뒷자리가 가장 상석이고, 여러 명이 탑승하는 경우는 운전석 뒷자리가 가장 상석이 된다.

근태
예절

06

휴가는
언제 가는 게
좋을 까요?

휴가는 원하는 시기에 계획적으로 가면 된다. 단 사전 공유는 기본이고 인수
인계도 확실히 한다.

휴가는 직장인의 권리

연차휴가는 근로기준법으로 보장하는 직장인의 당연한 권리다. 그와 별개로 회사에서 정한 정기휴가 역시 마땅히 누려야 할 회사의 복지 혜택이다. 그렇지만 지켜야 할 예절을 지키지 않으면 누려야 할 권리를 누리면서도 개념 없는 직원이 될 수 있다.

자신의 권리인 휴가를 눈치 보지 않고 잘 사용하기 위해서는 업무에 지장을 주지 않는 선에서 요령 있게 사용하는 지혜가 필요하다. 당연한 권리인 건 사실이지만 업무 일정을 고려하지 않은 무분별한 휴가나 동시다발적으로 자리를 비우는 휴가는 회사나 동료들에게 피해가 될 수 있다.

휴가는 원하는 시기에 계획적으로 가되 업무를 공유한다

휴가는 자신이 원하거나 필요한 시기에 사용하면 된다. 다만 휴가로 인해 중요한 업무에 지장을 주거나 동료들에게 민폐를 끼쳐서는 곤란하다. 언제 어느 때 휴가를 사용해도 무방할 만큼 업무 분담이 잘되어 있거나 업무 공백을 대체할 만한 인력이 충분한 회사라면 더없이 좋겠지만 그렇지 않다면 동료들과 휴가가 겹치거나 회사에 피해를 주는 일은 가급적 피해야 한다. 촌각을 다투는 중요한 프로젝트가 있는데 아무 생각 없이 휴가를 내는 일은 곤란하다. 업무에 피해가 되면 상사나 동료 입장에서도 기분 좋게 휴가를 보내주기가 어렵다. 휴가를 떠날 때 업무를 고려하는 것은 회사와 동료들을 위한 작지만 큰 배려다.

휴가 일정을 공유한다

마음 부담 없이 휴가를 떠나고자 한다면 휴가 계획을 동료들과 사전에 공유하는 것이 좋다. 자신의 책상에 휴가 계획표를 게시해놓는 것도 한 방법이지만 팀 전체 휴가 일정표를 만들어서 팀원들과 함께 공유하는 것이 좋다. 사실 이런 일은 후배가 아닌 중간관리자나 팀장이 직접 챙기는 것이 옳다. 휴가가 서로 겹치는 것을 사전에 방지할 수 있고 서로 얼굴을 붉힐 일도 적어진다. 또한 피치 못할 사정이 있는 경우, 휴가 일정을 공유하고 있다면 서로 조율하기도 쉽다.

인수인계는 반드시 문서로

휴가를 떠날 때는 업무를 인수인계하는 것이 원칙이다. 인수인계는 반드시 문서를 통해 이루어져야 한다. 만약 미처리 업무가 있다면 본인이 처리하고 가는 것이 예의다. 동료에게 미처리 업무까지 떠넘기고 휴가를 떠나는 것은 무개념 가득한 발상이다. 당연한 말이지만 인수인계를 해준 직원에게는 자신의 비상연락처를 알려야 한다. 업무는 항상 변수가 생길 가능성이 있다. 방해받지 않고 즐기고 싶은 마음 충만해도 직장인으로서 그 정도 책임의식은 있어야 한다.

휴가 기간을 오버슈팅하지 마라

휴가를 떠날 때는 일정을 끝내고 출근하는 날이 반드시 고려되어야 한다. 만약 해외로 여행을 가는데 입국하는 날이 출근하는 날 새벽이라면 문제가 없을까? 연착이나 다른 변수 등 기본적으로 예상되는 문제들을 무시하면 항상 실수가 뒤따른다. 천재지변이야 어쩔 수 없다지만 누구나 예상 가능한 실수는 하지 않는 것이 마땅하다. 기본적으로 휴가는 회사와 동료에 대한 약속이다.

자칭 여행전문가인 S 유통의 강 팀장은 매년 가족과 함께 해외로 휴가를 떠난다. 그는 '여행은 일정이 가성비'란 생각으로 항상 일정을 빡빡하게 잡는다. 그래서 보통 강 팀장의 가족 여행은 휴가 전날 저녁부터 시작된다. 퇴근해서 공항으로 출발하고 입국할 때는 항상 출근하는 날 새벽이다. 몇 번은 공항에 가벼운 문제가 생겨 출발이 늦어졌고 끝내 출근하는 날을 맞추지 못한 적이 있다. 또 한번은 현지에 큰 태풍이 발생해서 입국이 며칠 늦어지기도 했다. 결국 휴가기간이 끝난 날로부터 일주일 뒤에 회사에 출근했다. 천재지변은 어쩔 수 없다지만 문제가 뻔히 예상되는 일정은 상사나 동료들에게 천재지변이 아니다. 언제 문제가 생겨도 이상하지 않은 상황일 뿐이다. 해외로 떠나는 일정이라면 적어도 출근 하루 전에는 돌아올 수 있도록 일정을 잡는 것이 실수하지 않는 길이다.

휴가 사용 시 주의사항
- 중요한 프로젝트가 있는 경우, 15~30일 전에 휴가원을 낸다.
- 단기 휴가의 경우, 최소 3일 전에 휴가원을 낸다.
- 예비군 훈련도 휴가원을 낸다.

휴가원

- **휴가 구분** 연차, 정기휴가, 월차, 병가, 동원훈련 참석 등
- **휴가 일시** 2000. 00. 00. ~ 2000. 00. 00.
- **휴가 장소** 일본 오사카
- **휴가 사유** 연차휴가를 이용한 가족과의 여행
- **휴가 사용근거** 연차휴가 10일 사용 (사용 후 잔여 일수 5일)

2000년 00월 00일

신청인 기획팀 천○○ 대리 (인)

근태
예절

07

퇴직할 때도
지켜야 할
예절이 있나요?

자신의 행적은 어떻게든 평판이라는 흔적을 남긴다. 회사를 옮길 때마다 그림
자처럼 자신을 따라다닌다. 퇴사 관리가 중요한 이유다. 퇴사는 현재의 직장을
떠나는 것이지 은퇴가 아니다.

내 마음 같지 않은 직장

직장인은 누구나 사직서를 가슴에 품고 산다고 한다. 회사는 각양각색의 여러 사람이 모인 곳이기에 버거운 상황이 많이 존재한다. 모든 사람들이 내 마음 같지 않다지만 입장을 바꿔 생각하면 나 역시도 상대에게는 그런 존재다. 어떤 관계도 혼자 존재하는 관계는 없다.

결혼생활을 예로 들어보자. 기혼자가 되면 누구나 아는 사실이지만 그토록 사랑하는 배우자도 내 마음 같지 않을 때가 많다. 나이가 어려 부모의 제도권 하에 있는 아이들도 내 마음처럼 따라주지 않는다. 사람 관계는 그래서 어려운 것이다. 그러면서도 유독 직장에서는 사람들이 내 마음처럼 움직여주지 않는다고 생각하는 것 같다. 나는 맞고 상대는 틀리다는 생각을 많이 하게 되는 곳이 직장이다. 회사를 떠나는 사람들의 이유가 업무 과중보다는 상사의 괴롭힘 때문이라는 조사결과가 많다. 사람과의 관계 때문에 퇴사하는 사람이 회사에 오만 정이 떨어지는 것은 당연할 것이다. 절차를 지킨다거나 예의를 지키고 싶은 생각이 사라지는 것 또한 마찬가지다.

마무리는 언제나 중요하다

그럼에도 불구하고 회사를 떠날 때 마무리를 잘하는 것은 중요하다. 직원 한 사람이 회사를 떠날 때는 업무 인수인계 같은 문제가 회사에 중요한 일이지만, 반대로 회사를 떠나는 사람에게는 퇴직 이후가 더 중요한 일이 된다. 새로운 회사를 찾는 과정에서 자신의 과거 행적은 어떻게든 연결고리를 가지기 때문이다. 한 사람의 행적은 어떻게든 평판이라는 흔적을 남긴다. 회사를 옮길 때마다 그림자처럼 자신을 따라다닌다. 그래서 퇴사 관리가 중요하다. 퇴사는 현재의 직장을 떠나는 것이지 영원한 은퇴가 아니다.

요즘은 전 직장의 상사나 동료에게 지원자의 평판 조회를 하는 일이 흔하다. 결과적으로 좋은 직원을 채용하기 위한 방법이지만, 궁극적으로는 불량한 직원을 사전에 걸러내기 위한 작업이다. 평판 조회를 할 때 빠지지 않는 것이 몇 가지 있다. 전 직장에서의 근무태도, 생활예절, 퇴사 시 마무리 부분이다. 어떤 사람이든 과거의 행동을 반복할 가능성이 있다. 그런 이유로 인사업무를 하는 사람들은 직위 고하를 막론하고 평판을 중요시한다. 사회는 생각보다 좁다. 상대를 파악하려는 의지만 있다면 그 사람에 대해 쉽게 알 수 있다. 한두 사람만 건너도 연결이 된다. 실제로 인사 업무를 하는 사람들만 모이는 특화된 모임이나 커뮤니티도 있다.

퇴사에도 예절과 타이밍이 중요

성공적인 직장생활을 하기 위해서는 사적인 기분과 공적인 영역을 분리할 수 있어야 한다. 상사에게도 중요한 능력이지만 직장인으로서 성장해야 할 시간이 많은 후배들에게 더 필요한 능력이다. 설령 인간 같지 않은 상사나 동료 때문에 퇴사한다 해도 공적인 예절을 지키면 자신에게 유익하다. 사적 영역에 실수가 있어도 공적 영역을 지키면 설득력을 갖지만, 반대의 경우라면 어떤 경우에도 설득력을 얻지 못한다. 퇴사에도 나름의 예절과 타이밍이라는 것이 존재한다. 가능하다면 자신도 챙기고 회사에도 피해가 되지 않아야 한다.

적어도 마지막 모습은 나쁘지 않게

만약 어떤 회사가 직원을 해고할 때, 사전 통보 없이 '내일부터 출근하지 마세요'라고 한다면 그 회사는 문제가 있는 회사다. 누구도 나쁜 회사에 입사하고 싶지 않은 것처럼 회사도 기본을 지키지 않는 직원을 뽑고 싶어하지 않는다. 즉 회사에 퇴사를 통보할 때는 사전에 알리는 것이 예의다. 보통은 한 달 정도의 기간을 주는 것이 일반적이다. 그 정도면 회사로서도 업무 공백을 대처하기에 적지 않은 시간이다. 어떤 이유든 우발적인 이별보다는 지킬 건 지키는 쿨한 이별이 좋다. 적어도 마지막 모습은 나쁘지 않아야 한다. 회사와 회사의 만남이든 사람과 사람의 만남이든 다시 만났을 때 기억하는 모습은 서로의 마지막 모습이다.

퇴사 의사를 전달하는 예절

어떤 이유로든 퇴사를 결정했다면 좋은 이미지로 퇴장하는 것이 좋다. 가장 좋은 것은 상사와의 대화시간을 갖는 것이다. 왜 퇴사를 결정했는지, 자신의 마음은 어떤지를 전달해야 한다. 구구절절 사정을 설명할 필요는 없지만 간략하게라도 이유를 설명하고, 상사와 좋지 않은 기억이 있다면 풀고, 좋은 기억이 있는 상사라면 그동안 감사했음을 전달하는 것이 좋다.

근태
예절

08

퇴직할 때도
인수인계 예절이
있나요?

제대로 된 인수인계는 회사에도 필요한 일이지만, 퇴사자도 남겨진 직원들을 배려하고 좋은 이미지를 남길 수 있는 기회다. 퇴사자는 나가버리면 끝이라고 생각할 수 있지만 동료들에게는 끝이 아니다. 떠맡은 업무를 수습해야 한다. 중요한 것은 남아 있는 동료들은 떠난 사람의 마지막 모습을 기억한다는 사실이다.

인수인계는 인수받는 사람의 시선으로

직장인들이 퇴사하는 직원에게 꼭 지켜줬으면 하는 예절로 업무의 확실한 인수인계를 꼽았다. 이 말을 해석하면 퇴사할 때 인수인계를 제대로 하지 않거나 작성한 내용만으로는 업무 진행이 어려운 경우가 많았다는 뜻이 된다. 업무 인수인계는 퇴사자뿐만 아니라 인사발령으로 업무가 바뀌는 사람들에게도 중요하다. 그도 그럴 것이 업무가 손에 익은 사람에게는 손쉬운 일도 처음 접하는 사람에게는 어렵게 느껴지기 때문이다. 그런 입장 차이로 인수인계 문제가 생기는 경우가 종종 있다. 어려움에 처하더라도 사내에 질문할 대상이 있으면 다행이지만, 퇴사한 직원의 업무는 상의할 대상 자체가 없다. 정답은 없겠지만 업무 인수인계의 기본은 작성자의 시선이 아니라 인수받는 사람의 시선으로 작성하는 것이 가장 좋다.

인수인계는 회사도 퇴사자도 정확하게

제대로 된 인수인계는 회사에도 필요한 일이지만, 퇴사자도 남겨진 직원들을 배려하고 좋은 이미지를 남길 수 있는 기회다. 퇴사자는 나가버리면 끝이라고 생각할 수 있지만 남아 있는 동료들에게는 끝이 아니다. 떠맡은 업무를 수습해야 한다. 중요한 것은 남아 있는 동료들은 떠난 사람의 마지막 모습을 기억한다는 사실이다. 이것이 자신의 인생에 어떻게 작용할지 모를 일이다. 남아 있는 동료들을 힘들게 할 요량이 아니라면 인수인계는 명확하게 해야 한다.

NGO 단체에 근무하는 한 본부장이 내게 조언을 구한 적이 있다. 퇴사한 직원의 개념 없는 행동에 어떻게 대응해야 할지를 물어왔다. 업무의 인수인계 내용이 부실해서 연락을 했는데 '업무와 관련해서는 할 말이 없습니다'라고 선을 그었다는 것이다. 그 후배의 행동에 자신도 모르게 버럭 화를 내버렸고, 다른 방법으로 혼내줘야 하는 건 아닐까 생각까지 했다고 한다. 한 본부장이 평소에 아끼던 후배였기에 서운함이 더 컸던 것 같다.

인수인계는 연락이 필요 없을 정도로 깔끔하게

사실 이 문제는 달리 보는 것이 더 현명하다. 명확하게 한 본부장의 실수다. 인수인계서는 직원이 퇴사하기 전에 확실하게 챙겼어야 했다. 퇴사자에게는 퇴사하고 나면 다니던 회사가 더 이상 중요하지 않다. 다행히 한 본부장은 후배에게 전화를 걸어 화를 낸 행동을 사과했고, 꼬였던 업무 문제는 잘 해결되었다고 한다.

어떤 일이든 해답은 없지만 업무 인수인계와 관련해서는 '업무

◆ 회사생활예절 문제 ◆

직원이 퇴직한 이후 인수인계의 미흡함을 발견했다. 어떻게 요청하는 것이 좋을까?

① 직접 만나서 사정을 설명하고 정중하게 부탁한다.
② 전화로 부족한 내용을 말하고 보완은 지시한다.
③ 문자나 이메일을 보내서 인수인계를 부탁한다.

와 관련한 연락이 필요 없는 정도'가 좋다. 퇴사자에게는 귀찮을
수 있지만 인수인계를 받는 사람은 물론 자신도 편한 방법이다. 적
어도 퇴직 이후 업무와 관련한 구설수에 오를 일이 없다.

인수인계서

■ 포함되어야 하는 내용

① **인수인계자 명기 및 날인**
  - 인수인계자의 소속, 직급, 성명을 기록하고 날인

② **인계 사유**
  - 인사발령, 장기출장, 휴가, 퇴사 등의 사유

③ **회사 or 부서 현황**
  - 조직도, 업무분장 현황 등
  - 부서 비상연락망 등 기본적인 사항
  - 필요에 따라 비품 보유현황

④ **담당 직무 or 인계직무 기술**
  - 사업계획상 업무 명기
  - 일간, 주간, 월간, 분기별 업무
  - 중요업무 추진일정 및 추진상황
  - 미결업무 및 향후 추진계획
  - 직무와 관련한 경영자 지시사항, 주요 이슈 사항

⑤ **업무 관련 파일 현황**
  - 업무 관련 서류 및 보관 위치
  - 컴퓨터 파일 현황 및 저장 위치

⑥ **거래처 및 유관부서 담당자 기술**
  - 리스트 및 명함
  - 거래처 및 유관부서와의 진행사항이나 이슈

⑦ **참관인 날인**
  - 부서장 또는 책임자 입회에 대한 날인

⑧ **인수인계일 기재 및 사내 규정에 따른 결재 상신**

※ 인수인계 사유에 따라 내용을 삭제 또는 추가하여 사용

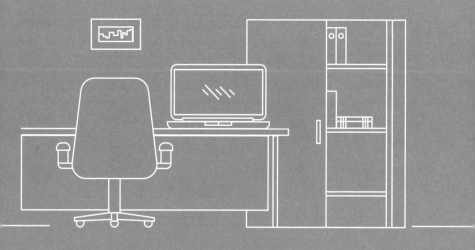

04

호칭
예절

호칭
예절

01

회사에서
호칭과 존댓말은
어떻게 써야 할까요?

호칭은 직급에 맞게 사용하되 나이가 어려도 먼저 입사한 사람이 선배다. 호
칭 사용법에 따라 상대에게 존중의 느낌을 주기도 하고 상대의 기분을 상하
게 만들기도 한다.

친해도 호칭은 정확히

경직된 문화를 개선하고 수평적인 소통체계를 만들기 위해 직책과 호칭을 없애는 조직이 늘어나고 있다. 전통적으로 사용하던 부장, 과장, 대리, 팀장이라는 호칭 대신 '○○○님'이라는 호칭이나, '제임스, 토마스, 제이미' 같은 영어 이름 또는 별칭을 사용한다. 호칭만 달리 해도 조직문화에 장점으로 작용하기 때문이다.

이런 시도를 회사생활예절의 파괴로 생각해서는 곤란하다. 소통과 예절은 구분되어야 한다. 부모와 친구처럼 지낸다고 친구가 되는 것이 아니듯 상사, 선배, 후배와 격 없이 지낸다고 예절을 지키지 않는다면 그 관계는 지속이 어려울 것이다. 동양에 비해 비교적 자유로운 소통문화를 가진 서구권 나라에서도 우리와 다른 형태로 규칙이나 예절이 엄격하다.

직장에서 호칭은 상대의 또 다른 이름이다. 당연한 말이지만 누군가의 이름을 부를 때 잘못 부르거나 틀리게 부르는 것은 예의에 어긋난다. 호칭에서 상대를 어떻게 바라보고 대하는지 여실히 드러나는 법이다. 호칭 사용법에 따라 상대에게 존중의 느낌을 주기도 하고 상대의 기분을 상하게 만들기도 한다.

호칭은 직급에 맞게

기본적으로 호칭과 존댓말은 상대의 직급에 맞게 사용해야 한다. 그것이 직급이 낮은 상대에게는 대충 써도 된다는 것을 의미하지는 않는다. 상급자를 호칭할 때는 '성' 또는 '전체 이름'에 직급과 함께 '님'을 붙여서 호칭해야 한다. 성을 제외하고 이름과 직급만 붙여 호칭하는 것은 예의에 어긋난다. 만약 부서 내에 특정 직급을 가진 사람이 한 명이라면, '부장님' 같이 직급만 호칭하는 것이 좋다. 이름과 함께 호칭하는 것을 예의 없다고 생각하는 사람들이 있다. 사장은 한 명인데, 호칭할 때마다 '장 사장님'이나 '장동건 사장님'이라고 부르면 상대방 기분이 상할 여지가 있다.

직급이 없어도 먼저 입사한 사람이 '선배'

직급이 없어도 자신보다 먼저 입사한 사람의 호칭은 '선배'다. 상사와 마찬가지로 선배 뒤에 '님'을 붙이면 된다. 자신보다 나이가 어린 선배일지라도 '님'을 붙이는 것이 예의다. 나이 차가 많아서 불편하다면 적어도 '선배' 정도의 호칭은 해야 한다. 나이가 어려도 상대에게 직급이 있다면 '님'을 붙이는 것은 기본이다.

직급이 더 낮다면

회사는 기본적으로 비즈니스 공간이다. 상대의 직급이 낮거나 나이가 어리다고 해도 지킬 것은 지켜야 한다. 직급이 현저하게 낮거나 나이가 어린 직원이라고 해도 조카나 동생은 아니다. 적어도 상대의 이름에 '씨' 정도는 붙이는 것이 예의다. 간혹 '○○○ 군, ○○○ 양, 야' 같은 호칭을 사용하는 상사들이 있는데, 이런 호칭은 상대를 불쾌하게 만든다.

상사를 더 윗사람에게 호칭할 때

상사를 더 윗사람에게 호칭해야 할 때는 부담스럽다. 상대에게 상사를 낮춰야 할지 높여야 할지 혼란스럽기 때문이다. 예를 들어 김 상무가 처리한 업무를 부사장이 '이 업무는 누가 처리했지?'라고 물으면 혀가 꼬인다. 어렵게 생각하지 말자. 이럴 때는 고민 없이 '김 상무님이 지시했습니다'라고 대답하면 된다. 더 높은 상사 앞이라도 해도 나보다 윗사람은 모두 높이는 것이 당연한 예의다.

동료들과 대화를 나눌 때, 옆에 상사가 있는 상황에도 상사를 '김 상무, 김 팀장'이라는 식의 '님'을 생략하고 쓰는 경우를 종종 본다. 이런 식의 호칭 사용은 상사를 기분 상하게 할 뿐 아니라 개념 없는 행동이다. 장인이 옆에 있는 상황에 친구와 통화하면서 '응, 내가 지금 장인이랑 같이 있으니까 이따가 전화할게'라고 하는 것과 같다. 당사자 입장에서도 옆에서 듣는 입장에서도 기분이 상한다. 상사의 마음이 우주처럼 넓어서 찍히지 않으면 다행이지만 그렇게 아량이 넓은 사람은 많지 않다.

나를 호칭할 때

마지막으로 주의해야 할 것은 상사에게 자신을 호칭할 때의 예절이다. 친구나 선배들과의 대화에서 습관처럼 몸에 밴 것이 '나 or 내가'라는 호칭이다. 이런 호칭은 회사에 입사하는 순간 잊어버리는 것이 신상에 이롭다. 회사생활은 학교나 친구, 동네 선배랑 어울리는 것이 아니다. 갓 입사한 신입사원이 자신을 '나 또는 내가'라고 호칭할 대상은 아무도 없다.

선배 호칭

① 선배님 or 선배 (○)
② 길동씨, 저기요 (×)

후배 호칭

① ○○○ 씨, 김 대리 (○)
② ○○○ 군, ○○○ 양, 자기야, 야, 너 (×)

상사에게 자신을 호칭할 때

① 저는, 제가 (○)
② 제 의견은 (○)

직장 상사의 부인

① 사모님, 형수님 (○)
② ○○○ 씨, ○○이 엄마, 제임스 부인 (×)

호칭의 기본 형태

① 성 + 이름 + 직급 + 님 = 홍길동 팀장님
② 성 + 직급 + 님 = 홍 팀장님

직급자가 한 명인 경우

① 직급 + 님 = 대표님
② 직급 + 님 = 팀장님

호칭 잘못된 사례

① 이름 + 직급 + 님 = 길동 팀장님

※ 간혹 상사의 배우자가 본인보다 어리거나 알던 사이라고 하대하는 인간들
  이 있다. 상사가 함께 있는 상황에서는 예의를 지켜라.

호칭
예절

02

호칭이
기억나지 않을 때
어떻게 하죠?

사람은 누구나 실수하지만 대처방법에 따라 평가는 극명하게 달라진다. 호칭 실수를 한 경우라면 정중하게 사과하고 양해를 구하는 발 빠른 대처가 필요하다.

반복되는 실수는 주의

직장인이라면 상사의 이름이나 호칭이 기억나지 않아 실수한 경험을 한두 번쯤 가지고 있다. 호칭을 잊어버리거나 실수했다고 해서 당황할 필요는 없다. 처음부터 완벽한 사람은 없고 입사해서 만나는 모든 사람의 직책과 이름을 기억하는 것은 쉬운 일이 아니다.

그러나 반복해서 실수하는 것은 상대에게 불쾌감을 주기 때문에 주의해야 한다. 한 번 실수는 금방 잊어버리지만 반복되는 실수는 각인이 된다. 본인이 상대방에게 실수한 경험이 있어도 직접 다른 사람으로 인해 경험하는 것은 그리 유쾌한 일은 아니다. 호칭이나 이름을 기억하는 것은 시간이 지나면 자연스럽게 해결될 문제지만, 조금 더 빨리 기억하면 직장생활이 더 수월해진다.

사람은 누구나 실수하지만 대처방법에 따라 사람의 평가는 극명하게 달라진다. 호칭 실수를 한 경우라면 정중하게 사과하고 양해를 구하는 발 빠른 대처가 필요하다. '죄송합니다. 다음부터는 실수하지 않겠습니다'라는 즉각적인 사과는 불편한 마음을 편하게 만든다. 인간관계는 언제나 좋은 기술보다는 진심을 담은 사과가 더 효과적이다.

당사자 앞에서 호칭을 실수했을 때

당사자 앞에서 호칭이 기억나지 않을 때는 일단 직급이나 이름을 호칭하지 않고 눈치껏 상황을 모면하는 것이 가장 좋다. 하지만 부득이하게 상사를 호칭해야 하는 경우라면 정중하게 사과하고 직급을 묻는 것이 좋다. 확인한 이후 앞으로는 잊어버리는 결례를 하지 않겠다는 말과 함께 다시 한 번 사과한다. 만약 상대방과 헤어진 이후에 호칭 실수를 알았다면 찾아가서 정중하게 사과해야 한다.

외부인 앞에서 상사의 직급을 잊어버렸을 때

외부인에게 사과와 함께 직급을 확인한 후 알려주어야 한다. '당연히 알고 있어야 하는 사항인데 신입사원이다보니 상사의 직책을 숙지하지 못했습니다. 잠깐 기다려주신다면 확인해서 알려드리겠습니다'라는 식으로 양해를 구한다. 어떤 상황이든 내가 누군지 모를 거라는 생각에 대충 얼버무리는 것은 좋은 방법이 아니다. 근무하는 회사가 호칭을 없앴거나 자유로운 분위기라고 하더라도 기본적인 직급체계는 알고 있어야 외부인이나 거래 업체를 만날 때 비즈니스적인 결례를 방지할 수 있다.

일반적으로 통용되는 직급 체계

- **임 원** 이사 → 상무 → 전무 → 부사장 → 사장 → 부회장 → 회장 → 명예 회장
- **직 원** 사원 → 주임 → 계장 or 대리 → 과장 → 차장 → 부장
- **기능직** 사원 → 조장 → 반장 → 직장
- **생산직** 사원 → 반장 → 계장

※ 최근에는 기능직, 생산직의 직급 체계도 '직원'과 같은 경우가 많다.

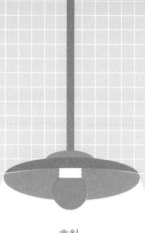

호칭
예절

03

친해지면
형이나 오빠라고
불러도 될까요?

상대가 원하지 않음에도 불구하고 상사가 후배 직원에게 형, 오빠로 부를 것
을 강요하면 직장 내 언어폭력이 될 수 있다. 또 후배가 상사에게 형, 오빠라
는 표현을 쓰면 개념 없는 행동이다.

친밀하다고 해서 선을 넘지 않는다

회사는 공사 구분이 필요한 공간이다. 이 사이에서 균형감을 잃어버리면 항상 문제가 생긴다. 사적 영역에 공적인 부분을 끌어들이는 것도 문제지만, 공적 영역에 사적인 부분을 끌어들이는 것도 문제다. 직장이라는 공간은 사람과 사람이 어울리는 공간이다보니 친밀감이 생기면 선을 넘는 경우가 종종 생긴다. 가장 변질되기 쉬운 것 중 하나가 호칭이다. 예를 들면 대리, 과장, 팀장 같은 호칭 대신 친밀감의 표현으로 형, 누나, 오빠, 동생 같은 호칭을 사용하는 것이다. 이것은 예의에 벗어나는 행동일 뿐 아니라 지켜보는 사람들까지 불편하게 만든다.

호칭, 잘못 사용하면 언어폭력

설령 상대가 그런 표현을 받아들이거나 좋아한다 해도 사적인 자리를 넘어 공적인 자리까지 침범하는 것은 주의해야 한다. 회사라는 곳은 서로 지켜야 할 규칙이 있고 그것에 예외는 없다. 이런 규칙을 지키지 않으면 문제가 된다. 상대가 원하지 않음에도 불구하고 상사가 후배 직원에게 형, 오빠로 부를 것을 강요하면 직장 내 언어폭력이 될 수 있다. 또 후배가 상사에게 형, 오빠라는 표현을 쓰면 개념 없는 행동이 될 수 있다.

편한 호칭은 직장에서는 무례한 표현

S 전자에 다니는 김 팀장은 신입사원의 호칭 때문에 적지 않게 당황했다. 팀원들과 입사를 축하하기 위한 자리에서 저녁식사를

마친 상황이었는데, 신입사원이 '오빠, 커피는 내가 쏠게'라는 말을 했기 때문이다. 혹시 그것이 젊은 세대의 문화일까, 아니면 자신이 꼰대라서 그럴까 하는 생각에 애써 웃으면서 '내가 ○○○ 씨 오빠 인가?'라고 가볍게 지적을 했다. 그랬더니 '그럼 나보다 어려? 오빠 맞잖아. 아저씨처럼 왜 그래요. 촌스럽게'라는 답변이 되돌아왔다.

회사에서 사적인 호칭은 바람직하지 않다. 호칭 문제 때문만은 아니지만 결국 그 직원은 얼마 지나지 않아 퇴사했다. '형, 오빠' 같은 표현이 친근함의 표현은 맞지만 직장에서는 무례한 표현이 될 수 있다.

호칭으로 가족적인 분위기는 만들 수 없다

G 기업에 다니는 윤미생 직원은 부서장이 자신을 부를 때 사용하는 호칭 때문에 자존감이 떨어진다. 가끔은 회사에 입사한 건지 동네 공사현장에 입사한 건지가 혼란스럽다. 부서장이 사용하는 호칭은 예외 없이 '야, 너'이다. 팀장도, 과장도, 대리도, 신입사원도 예외 없이 같은 호칭으로 불린다. 게다가 회의 자리나 회식 자리에서는 자신을 오빠나 형으로 부르라고 강요한다. '다 동생 같아서'라는 말도 빼놓지 않는다. 게다가 자신이 호칭 파괴를 하는 행동에 대해 부서 분위기를 가족적인 분위기로 만들고 싶어서라는 궤변까지 늘어놓는다. 상사의 의도와는 다르게 직원들은 가족적인 분위기라고 느끼지 않는데도 말이다.

윤미생 씨는 인격적인 무시를 당하는 것 같아 늘 기분이 나쁘다. 마음 같아서는 뼈 때리는 말을 한 마디하고 싶지만 상사의 분위기에 압도당해서 그마저도 숨이 막혀 하지 못하는 상황이다.

호칭은 직장에서 지켜야 하는 기본적인 예절이다. 부하직원도 상사도 지키지 않으면 문제다. 상사라도 지킬 것은 지켜야 한다. 스스로 존경받고 존중받는 유일한 길이다. 상사 스스로 직장 예절 파괴자가 되지 않기 위해서는 자신부터 호칭 예절을 지켜야 한다. 단순한 호칭 문제가 아니라 조직을 하향평준화시키는 개념 없는 행동이다.

상사 호칭

- 팀장님, 과장님, 선배님 (O)
- 형, 형님, 누나, 누님, 오빠, 아저씨, 저기요 (×)

부하직원 호칭

- ○○○ 씨, ○○ 씨 (O)
- 김 팀장, 유 과장 (O)
- 김 군, 김 양, 야, 너, 자기야, 언니, 아저씨 (×)

호칭
예절

04

파견·용역 직원은 어떻게 호칭해야 할까요?

스스로 못난 사람이 되지 않으려면 사람과 사람 사이에서 필요한 예절은 지키면서 사는 것이 중요하다. 때로 별것 아닌 기본적인 예절을 잘 지키는 것이 행운을 만들기도 한다.

업무능력보다 중요한 것

S 전자 심 부장은 입사 5년차인 이미생 직원에게 인사평가에서
유독 점수를 박하게 줬다. 일은 곧잘 하지만 기본적인 인성이 부
족했기 때문이다. 상사나 선배들에게는 깍듯하게 예의를 지키지
만 하청업체 파견 직원이나 미화원, 경비원에게 유독 말을 함부로
하는 장면을 여러 차례 목격했다. 이 직원은 자신보다 한참 연배가
많은 용역 직원에게 '저기요 아줌마, 저기요, ○○○ 씨'라고 하대
하는가 하면, 자신의 자리를 깨끗이 청소하지 않는다는 이유로 함
부로 짜증내는 모습을 자주 보였다.

반대로 입사 4년차에 승진한 박 대리에게는 업무 실적에 비해
후한 점수를 주었다. 용역 직원들까지 깍듯하게 챙기고 예우하는
그의 인성을 높이 평가했기 때문이다. 박 대리가 승진하는 날 책
상 위에는 두 개의 화분이 놓여 있었다. 한 개는 미화원이 준 것이
고, 다른 한 개는 건물의 영선반장이 전해준 것이었다. 두 사람이
박 대리에게 선물을 준비한 이유는 평소 박 대리의 예의 바른 행
동 때문이다. 매번 자신들에게 '여사님' '반장님'이라는 호칭으로
깍듯하게 대할뿐더러, 매번 감사 인사와 함께 음료수를 전하는 모
습에 남다른 고마움을 느낀 것이다. 박 대리에 대해 칭찬을 아끼
지 않았던 미화원과 영선반장이 박 대리의 승진에 한몫한 셈이다.

예절을 지켜야 하는 대상을 한정시키지 않기

입사해서 예절을 지켜야 하는 대상을 상사나 동료로 한정시켜
서는 곤란하다. 예절을 지켜야 하는 대상은 거래처나 비즈니스 상

대 말고도 많다. 간혹 정규직과 비정규직 직원 사이의 갑질 같은 내용이 이슈화되는 것은 힘 있는 사람에게 예의를 지키고 힘없는 사람에게는 함부로 대하는 찌질한 사람들 때문이다. 스스로 못난 사람이 되지 않으려면 사람과 사람 사이에서 필요한 예절은 지키면서 사는 것이 중요하다. 때로 별것 아닌 기본적인 예절을 잘 지키는 것이 뜻밖의 행운을 만들기도 한다.

기분 좋게 만드는 호칭

- **경비원** - 반장님, 조장님, 주임님, 선생님, 선배님
- **환경미화원** - 여사님, ○○○ 여사님, 반장님
- **운전기사** - 기사님, 반장님, 주임님, 사우님
- **영선반/전기반** - 반장님, 주임님, 사우님
- **조리원** - 조리사님, 여사님
- **아르바이트** - ○○○ 님, ○○○ 씨

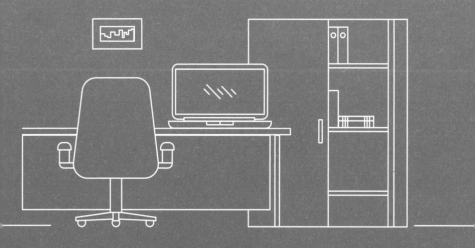

05

전화
이메일
예절

전화
이메일
예절

01

전화에도
예절이
있나요?

직장에서 전화 예절은 회사의 얼굴이다. 내부에서 이루어지는 통화는 자신의
이미지를 대변하고, 고객이나 거래업체와의 통화는 회사의 인상을 좌우한다.

'업무'만 잘하면 OK?

직장인이 쉽게 오해하는 것 중 하나가 업무만 잘하면 된다는 논리다. 바꾸어 말하면 업무만 잘하면 다른 것은 중요하지 않다는 말이 된다. 직장인들은 이런 아이러니한 논리에 속아 치명적인 실수를 하는 경우가 많다. 그러나 '업무만 잘하면 된다'라는 말은 결코 정답이 될 수 없다. 어떤 회사도 단순히 성과만으로 직원을 평가하지는 않는다. '업무를' 잘하는 것과 '업무만' 잘하는 것이 같을 수 없다. 업무성과와 결과는 인사 예절, 언어 예절, 품행과 떨어뜨릴 수 없는 불가분의 관계로 이어져 있다. 이것이 회사를 지속가능하게 만드는 기초 질서이기 때문이다.

전화 예절은 회사의 얼굴

회사라는 곳은 생각보다 사소한 것들에 의해 얻고 잃는 것들이 많다. 직장에서 전화 예절은 회사의 얼굴이다. 내부에서 이루어지는 통화는 자신의 이미지를 대변하고, 고객이나 거래업체와의 통화는 회사의 인상을 좌우한다. 전화통화 예절을 설명하는데 이런 거창한 사설까지 필요할까 싶지만, 때로 별것 아닌 전화 한 통으로 거래가 이어지기도 하고 거래가 끊기기도 한다.

사무실이라는 공간은 생각보다 작은 공간이다. 통화를 할 때 일부러 듣지 않아도 음성이나 말투까지 잘 들린다. 그렇기 때문에 누가 듣든 듣지 않든 전화 예절을 지키고 자신을 위해서도 신경 써야 한다. '누가 듣겠어?'라는 생각으로 전화 예절을 지키지 않으면 듣는 사람의 뇌라는 기억장치에 그 모습 그대로 기록된다. 신입사원 시절에는 전화벨 소리만 들어도 심장이 철렁 내려앉는 경우가 많다. 전화를 건 상대가 누구인지도 모르고 어떻게 응대해야 할지 부담스럽기 때문이다. 그러나 몇 가지 사항만 주의하면 그런 부담에서 벗어날 수 있다. 게다가 고작 전화 한 통으로 좋은 직원이라는 이미지까지 심어줄 수 있다.

전화벨은 2~3번 울리기 전에

자신의 자리에 전화가 걸려왔을 때는 벨이 2~3번 이상 울리기 전에 받는 것이 좋다. 내 자리에 걸려온 전화는 내가 받는 것이 원칙이지만 상사나 동료가 자리를 비웠거나 전화를 받기 힘든 상황일 때는 당겨서 받아야 한다. 의도하지 않게 전화를 늦게 받은 경우는 '늦게 받아서 죄송합니다'라고 양해를 구하는 것이 예의다.

인사와 함께 소속을 밝혀라

회사에서 전화를 받을 때는 인사와 함께 소속을 밝힌다. 인사, 소속, 이름 순으로 말하면 된다. 다른 사람이 자리를 비워서 전화를 당겨 받은 경우라면 상황을 설명하고 '메모를 남겨드릴까요?' 하고 묻는다. 반대로 전화를 먼저 건 경우에도 인사와 함께 소속을 밝히고 용건을 말하는 것이 순서다. 회사에 별도로 정해진 응대 매뉴얼이 있다면 그 방법을 따른다.

인사하고 상대가 끊을 때까지 잠시 기다린다

전화를 받을 때와 마찬가지로 끊을 때도 인사를 하고 전화를 끊는 것이 예의다. 전화를 건 사람이 먼저 끊는 것이 예의라는 말이 있지만, 상대가 자신보다 상사거나 고객이라면 인사 이후에 2~3초 정도 기다렸다가 끊는 것이 예의다. 대화를 종료하자마자 전화를 끊어버리면 상대가 불쾌하게 느낄 수 있다.

전달할 내용은 정확하게

담당자가 자리에 없어 전화를 대신 받았을 경우, 용건이나 통화 내용을 메모해서 전달하는 것이 예의다. 용건과 함께 시간, 전화한 사람의 이름, 연락처를 적어서 전달하면 된다. 메모에는 반드시 전달하는 사람의 이름을 기재하고 모니터나 키보드 위처럼 눈에 잘 띄는 곳에 두어야 한다.

전화 기본예절 Check

- 전화벨은 세 번 이상 울리기 전에 받는다.
- 동료가 바쁠 때는 전화를 대신 받는다.
- 통화 중이어도 급한 내용이 아니면 끊고 전화를 당겨 받는다.
- 전화기는 조용히 내려놓는다.

회사에서 사적인 통화를 할 때

- 가능하면 용건만 간단히 한다.
- 큰 소리로 통화하지 않는다.
- 거친 언어를 사용하지 않는다.
- 통화가 길어질 때는 외부에 나가서 통화한다.

전화
이메일
예절

02

상사와의
전화 통화
예절은?

상사의 전화는 항상 부담스러운 법이다. 긴장이 되기도 하고 실수할까 봐 조
심스럽다. 약간의 부담은 약이 되지만 심한 부담은 실수를 유발하기 때문에
주의가 필요하다.

상사와의 전화에서 실수하지 않는 법

신입사원이나 후배 입장에서는 상사의 전화를 받거나 상사에게 전화를 걸 때 가장 부담이 된다. 긴장이 되기도 하고 실수할까봐 조심스럽다. 어느 정도의 부담은 약이 되지만 심한 부담은 실수를 유발하기 때문에 주의가 필요하다. 이때 실수하지 않기 위해서는 다음 세 가지 기본적인 사항들을 숙지해야 한다.

첫째는 전화를 당겨 받는 방법이고, 둘째는 전화를 돌려주는 방법이다. 이런 기본적인 사항을 알지 못하면 걸려 오는 모든 전화가 부담스럽다. 전화를 당기거나 돌려주는 방법이 어려운 일은 아니지만 손에 익을 때까지는 서툴기 마련이다. 헷갈릴 때는 눈에 잘 보이는 곳에 내선번호를 붙여놓는 것이 좋다. 그래야 걸려오는 전화를 회피하거나 해당 직원이 자리에 있는데도 불구하고 전화 연결을 하지 못해서 쩔쩔매는 불상사를 막을 수 있다.

셋째는 직원들의 자리 배치도와 내선번호를 알아두자. 탁월한 암기력을 가지고 있으면 좋겠지만 실수하지 않기 위해 가장 좋은 방법은 엑셀이나 한글 프로그램을 이용해서 이름, 직급, 내선번호, 휴대폰 번호, 이메일 등을 작성해서 책상에 붙여놓는 것이다. 또한 필요한 경우를 위해 메모지와 펜은 책상 위에 항시 준비해두는 것이 좋다.

전화 예절

■ 업무 중에는 이어폰을 끼지 않는다

간혹 음악을 듣거나 딴짓을 하다가 걸려오는 전화의 벨소리를 듣지 못하는 직원들이 있다. 음악을 듣거나 딴짓을 하는 것은 자유지만 전화를 받는 것은 업무다. 개인적 편의를 누리는 것이 업무에 지장이 된다면 그것을 하지 않는 것은 당연한 일이다.

■ 전화가 돌려지지 않을 때

오너나 경영자가 상사를 급하게 찾을 때 전화가 돌려지지 않는 경우가 있다. 보통의 경우라면 '전화를 드리라고 하겠습니다' 하면 되지만, 즉시 바꾸라고 할 때는 당황하기 마련이다. 이런 경우 상사가 가까운 곳에 있다면 '잠시만 기다려주십시오'라고 말하고, 즉시 상사에게 알려 전화를 받을 수 있도록 한다.

■ 상대의 목소리가 잘 안 들릴 때

상사와 통화 중 상사의 목소리가 잘 안 들릴 때가 있다. 그럴 때는 공손하게 '○○○ 님 전화가 잘 들리지 않습니다. 죄송하지만 다시 전화를 걸어주시겠습니까. 죄송하지만 끊고 다시 전화드리겠습니다'라고 말한다. 전화를 끊은 다음 다시 전화를 걸어 사정을 설명하면 된다. 만약 상사가 가까운 곳에 있거나 특별히 바쁜 경우가 아니라면 찾아가서 용건을 묻는 것도 좋다. 통화 중 전화가 끊어졌을 때도 같은 방법으로 대처한다.

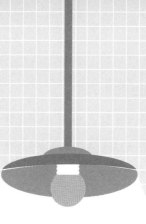

전화
이메일
예절

03

외부인이
대표나 직장 상사의
전화번호를 물을 때는?

상사가 자리를 비운 사이 걸려오는 전화의 중요도를 파악하는 것은 직장인
의 기본이다. 만약 즉시 전달해야 할 만큼 중요한 내용이라면 상사에게 알린
다. 단, 전화를 건 상대가 상사의 지인이라는 것을 밝히고 연락처를 요구해도
함부로 알려주는 것은 금물이다.

지인이라 해도 연락처는 확인 후에

K 무역 박 대표는 외부에서 일을 볼 때 불필요한 전화에 번번이 기분이 상한다. 가끔은 중요한 미팅 자리에까지 모르는 번호로 전화가 걸려와 업무에 지장을 받는다. 혹시나 중요한 일인가 싶어 전화를 받아보면 역시나 쓸데없는 내용인 경우가 많다. 상대에게 '전화번호는 어떻게 아셨습니까?'를 질문하면 사무실에서 알려줬다는 말에 기분이 더 상한다. 직원들에게 주의를 주지만 매번 같은 일이 반복된다. 박 대표는 이런 사소한 일로 직원들을 매번 질책하는 것이 싫지만 생각 없는 일부 직원들의 반복적인 행동에 화를 내게 된다.

누구라도 개인정보는 신중히

상사가 자리를 비운 사이 걸려오는 전화의 중요도를 파악하는 것은 직장인의 기본이다. 만약 즉시 전달해야 할 만큼 중요한 내용이라면 상사에게 알린다. 단, 전화를 건 상대가 상사의 지인이라는 것을 밝히고 연락처를 요구해도 함부로 알려주는 것은 금물이다. 상사의 지인이 확실한지 상사가 통화할 의사가 있는지 모르기 때문에 상사에게 확인하는 것이 먼저다. 이것은 비단 상사에 대해서만 적용되는 것이 아니다. 동료라고 할지라도 개인정보를 함부로 알려주는 것은 바람직하지 않다. 서로 연락할 만큼 가까운 지인이라면 '왜 연락처를 모를까?'에 대한 합리적인 의심이 필요하다. 연락처나 개인정보를 알려주는 일은 그래서 신중해야 한다.

상대가 급하다고 하는 경우

전화를 건 상대가 실제 지인이거나 중요한 비즈니스 상대일 수 있다. 이런 경우에는 상대의 기분이 상하지 않도록 정중하게 양해를 구한다. 먼저 전화번호를 즉시 알려주지 못하는 것에 양해를 구하고 상대의 소속이나 이름, 연락처를 메모해서 상사에게 알린다. 혹시나 모를 실수를 방지하기 위해서는 상사에게 상대방과 통화한 내용의 특이사항을 간략하게 보고한다. 전화 통화 여부는 상사가 직접 판단할 수 있도록 한다.

급하지 않은 경우

응대 방법은 상대가 급하다고 하는 경우와 크게 다르지 않다. 통화내용을 메모해서 상사의 모니터나 키보드 같은 눈에 잘 띄는 곳에 붙여두면 된다. 그리고 상사가 자리로 돌아오거나 복귀했을 때, 전화가 왔었다는 사실과 메모를 남겼다는 것을 구두로 알린다.

전화 연결도 같은 맥락이다

앞에서도 말했지만 확인되지 않은 외부인이 경영자나 지위가 높은 상사와의 연결을 요청할 경우 주의가 필요하다. 회사에서 어느 정도 지위가 있는 상사들에게는 대체로 불필요한 전화가 많다. 영업이나 홍보를 위한 전화가 그런 것들이다. 전화가 걸러지지 않고 무작정 연결되는 것을 좋아할 상사는 없다. 사소해 보이지만 이런 일은 눈치가 없다거나 상사를 고려하지 않는다는 오해를 받을 수 있다. 다만 전화를 건 상대에게 꼬치꼬치 캐묻는 것은 실례이므로, 중요한 내용 몇 가지 정도만 질문하는 것이 좋다. 일 반적으로 전화를 건 사람의 소속과 사유 정도를 확인하면 된다.

◆ 회사생활예절 문제 ◆ 1

전화는 어떻게 받는 것이 예의 바른 것일까?

① '안녕하십니까. ○○팀, ○○○입니다'로 소속과 이름을 밝힌다.

② '예' 하고 받는다.

③ '.....' 상대가 말할 때까지 기다린다.

◆ 회사생활예절 문제 ◆ 2

당신이라면 어떤 직원에게 높은 점수를 줄 것인가?

① 걸려오는 전화에 상냥하게 전화를 잘 받는 직원

② 매번 전화로 상대와 다투는 직원

③ 다른 사람의 자리에 걸려온 전화는 받지 않는 직원

전화
이메일
예절

04

이메일을 보낼 때
VS
구두로 알릴 때

이메일을 보낼 때 가장 많이 하는 실수는 제목 누락 실수다. 이메일은 보내고
다시 한 번 꼭 확인하는 습관이 필요하다.

이메일을 써야 할 때

이메일에서 '이렇게 시작하고', '저렇게 끝내고'의 내용도 중요하지만 이메일을 사용해야 할 때와 그렇지 않을 때를 구분하는 것이 중요하다. 상사가 이메일로 보낼 것을 요청했는데 무시하고 다른 방법을 사용한다거나, 구두보고를 해야 하는 상황에 이메일을 보내는 것은 상사를 무시하거나 일머리 없는 직원으로 비칠 수 있다.

상사의 별도 지시가 있었거나 반드시 파일을 첨부해야 하는 내용이라면 이메일을 사용한다. 단 이메일을 사용할 때 상대방의 메일 주소를 확인하거나 수신 여부를 확인하는 것은 반드시 필요한 절차다. 이메일은 사용하기 편한 반면 실수 가능성이 다분하다. 거래처에 보낸 경우라면 유선으로 확인하고, 상사나 동료에게 보낸 경우는 구두로 확인한다. 수신 여부를 확인하는 방법으로 SNS나 문자를 선택하는 것보다는 직접 확인하는 방법이 좋다.

만약 상사의 지시로 이메일을 보내는 경우라도 상사가 지시 방법을 잊어버렸거나 바빠서 이메일을 챙기지 못할 경우 괜한 오해를 받을 수 있다. 확인을 잘하는 것만으로도 보고를 잘하는 사람이 될 수 있다.

이메일을 보낼 때 가장 많이 하는 실수

첫째, 제목을 누락시키는 실수다. 둘째, 첨부파일 누락 실수다. 셋째, 받는 사람의 이메일 주소 실수다. 이 세 가지가 직장인들이 가장 많이 하는 실수다.

더불어 첨부파일을 보낼 때는 상대에 대한 고려가 필요하다. 사진이나 그림 파일, 워드나 한글, 파워포인트 등을 보낼 때 상대에게 첨부파일을 열어볼 수 있는 기능이 있는지를 확인한다. 예를 들어 상대에게 시안 확인을 요청하면서 특정 프로그램이 필요한 AI 일러스트 파일 형태로 보내면 상대는 열어볼 수 없는 경우가 많다. 이럴 때는 일반적으로 사용하는 파일로 전환해서 보내야 상대도 나도 번거로운 일이 생기지 않는다. 그림이 아닌 문서 파일이라 하더라도 프로그램 버전에 따라 내용이 깨지거나 열 수 없는 경우가 종종 생긴다.

또 보고해야 하거나 전달하는 내용이 긴급한 내용이거나, 상대가 이메일을 확인할 수 없는 상태라면 반드시 구두보고를 해야 한다. 그리고 의사결정이 필요한 사항이라면 이메일을 보냈더라도 구두나 유선으로 재확인을 하는 것이 좋다.

이메일 잘 쓰는 법

① 제목은 의도가 명확하게
② 첫 줄은 인사로
③ 본문은 일목요연하게
④ 첨부파일 확인하기
⑤ 맺음말은 깔끔하게
⑥ 서명은 필수(이메일의 전자서명 기능 활용)
⑦ 참조자 지정은 꼭 필요한 경우에만
⑧ 보내기 전에는 항상 오타 확인
※ 이메일에 대한 사내 규정이 있는 경우, 그 방법을 따른다.

구두보고 잘 하는 방법

① 타이밍이 중요(늦지 않게!)
② 정확한 근거에 기반해서 보고
③ 상사의 질문에 대한 답변을 준비
④ 문제가 생긴 경우, 대안을 준비

몇 번을 확인해도 부족하지 않은 이메일 주의사항!

- 제목을 빼먹지는 않았는가?
- 파일은 첨부했는가?
- 첨부파일이 보내야 할 파일이 맞는지, 최종본이 맞는지?
- 호칭 실수는 없는가?
- 참조인을 제대로 설정했는가?
- 수신인은 제대로 설정되어 있는가?
  (답장을 보낼 때는 '전체 답장' 주의)
- 이메일 주소가 맞는가?

전화
이메일
예절

05

이메일에
'생활언어'
쓰면 안 되나요?

회사에서 이메일을 사용할 때는 기본적으로 표준 용어를 사용하는 것이 원칙이다. 친근함의 표현으로 신조어를 남발한다거나, 친구 사이에나 사용하는 단어들을 사용하는 것은 상대에게 불쾌감을 줄 수 있다.

이메일은 격 없이 소통하는 도구가 아니다

이메일을 가볍게 생각하는 직장인이 의외로 많다. 사람과 사람 사이에서는 말실수도 치명적인 사건을 만들기도 하지만 이메일을 함부로 사용해 큰 실수로 연결되는 일도 적지 않다. 게다가 이메일은 입과 입으로 전해지는 말에 비해 흔적이 또렷하게 남는다. 한 번 보낸 이메일은 상대가 삭제하기 전까지는 사라지지 않고 고스란히 보관함에 저장된다. 뱉은 말을 주어 담을 수 없는 것처럼 이메일도 한 번 전송키를 누르고 나면 되돌릴 수가 없다. 분명한 형식을 갖춰야 하는 보고서에 비해 가볍게 사용하는 수단인 것은 사실이지만, 지인들과 격 없이 소통하는 SNS처럼 사용해서는 곤란하다.

공적인 이메일엔 표준어 사용이 답

회사에서 이메일을 사용할 때는 기본적으로 단어나 문장은 표준 용어를 사용하는 것이 원칙이다. 친근함의 표현으로 신조어를 남발한다거나, 친구 사이에서나 사용하는 단어를 사용하는 것은 상대에게 불쾌감을 준다. 파일명 같은 경우도 '이사님 요청사항' 같은 것보다는 전달사항을 한눈에 확인할 수 있는 '2020 홍보 전략(안)' 같은 제목을 사용하는 것이 좋다.

이메일은 실수해도 상대가 지적하지 않는 경우가 많다. 상사의 경우는 기분이 좋지 않더라도 꼰대처럼 느껴질까 봐 마음을 비추지 않기도 하고, 거래처의 경우는 거래 관계에 영향을 끼칠 것을 우려해 기분을 표출하지 않기도 한다. 그러나 불편함은 마음속에 파편처럼 남아 있다가 결정적인 순간에 어떤 식으로든 관계에 영향을 끼친다. 의도와 관계없이 나쁜 이미지를 주지 않으려면 스스로 예절을 지키려는 마음이 중요하다.

P사의 신 부장은 업무를 주고받을 때 이메일을 선호한다. 지시하거나 보고를 받을 때 구두로 진행하는 것에 비해 근거가 명확히 남기 때문이다. 그런데 최근에 입사한 직원들의 개념 없는 이메일 사용법으로 인해 짜증스럽다. 업무적으로 보내는 이메일에 도무지 뜻을 알 수 없는 외계어를 사용하거나 장난스럽게 이메일을 쓰는 직원들 때문이다. '자신이 너무 격 없이 대해주니까 편해서 그런가'라는 생각이 들면서도 기분이 별로다. 매번 지적을 하는데도 달라지는 것이 없다. 신입사원에게는 그것이 생활언어인 경우가 많기 때문이다.

신 부장은 이런 행동을 하는 신입사원들에게 '공적인 이메일을 사용할 때는 표준어를 사용하거나 상사에 대한 예의를 지켜야 한다'고 조언했다. 결국은 그런 행동 하나하나가 인사고과에까지 영향을 미친다는 말도 잊지 않았다.

알아도 직장에서 사용하지 않아야 할 생활언어

■ **직장에서는 사용하지 않아야 할 '초성어'**
- ㅋㅋ, ㅎㅎ, ㅈㅅ, ㄴㄴ, ㄷㄷ
- ㅇㅋㄷㅋ(오키도키), ㅂㄷㅂㄷ(부들부들)
- ㄱㅇㄷ(개이득), ㅂㅂㅂㄱ(반박불가)

■ **직장에서 사용하지 않아야 할 '줄임말'**
- 넵, 넹, 네엡 : 각종 말에 대한 대답체
- 즐점 : 점심을 맛있게
- 노잼 : 재미없어요
- 솔까 : 솔직히 까놓고 말하다
- 제곧내 : 제목이 곧 내용
- 이생망 : 이번 생은 망했어요
- 갑분싸 : 갑자기 분위기 싸해짐
- 행쇼 : 행복하십쇼

■ **직장에서 사용하지 않아야 할 '은어/비속어'**
- 싫존주의 : 싫어하는 것을 존중해주세요
- JMT : 매우 맛있는 것
- TMI : 너무 과한 정보
- 인발브involve : 참여, 합류
- 디벨롭 : 문서를 보완하거나 수정함
- 아삽ASAP(as soon as possible) : 가능한 빨리
- 존버 : 끈질기게 버티자
- 렬루 : 'real', '정말로'
- 고답 : 고구마 먹은 것처럼 가슴이 답답하다
- 어그로 : 관심 끌기

■ **각종 이모티콘**

전화
이메일
예절

06

까톡으로
보고하면
안 되나요?

기본적으로 지각, 결근, 조퇴, 업무 보고, 중요한 문서 같은 것들은 까톡으로
전달할 내용이 아니다. 부득이하게 까톡을 사용했다면 반드시 추가적인 보
고 절차가 있어야 한다.

까톡 보고는 무개념 행동

K 상사의 서 팀장은 신입사원의 일방적인 업무처리 방식으로 인해 당황스러운 상황을 경험했다. 입사한 지 6개월쯤 된 신입사원이 업무상 발생하는 모든 일을 까톡으로 통보하고 그것으로 보고 의무를 끝내버리기 때문이다. 서 팀장이 더 화가 나는 것은 따로 있다. 신입사원에게 특별한 경우가 아니면 구두보고 할 것을 분명하게 지시했음에도 번번이 같은 행동을 반복하기 때문이다. 이제 입사 6개월 차인 서미생 직원은 지각도 벌써 여러 차례다. 중요한 회의가 있는 날에도 지각한다고 까톡으로 통보하고, 도착시간을 묻기 위해 연락하면 전화조차 받지 않는다. 그러기도 어렵겠지만 업무능력이 출중하다고 해도 이런 직원에게 좋은 평가를 하기란 불가능하다. 이런 개념 없는 행동은 상사뿐 아니라 동료들에게 피해를 주는 무례한 행동일 뿐이다.

까톡을 스마트하게 사용하기 위해서는

직장 내에서 까톡을 스마트한 소통수단으로 사용하기 위해서는 몇 가지를 유의해야 한다. 우선 꼭 필요한 경우에만 사용해야 한다. 상사가 자리를 비웠거나 회의에 들어가 있는 경우 즉시 전달할 내용이 있을 때는 유용하다. 하지만 까톡으로 전달한 내용에 상사의 피드백이 없다면 대면 보고를 통해 다시 한 번 상기시켜주자. 기본적으로 지각, 결근, 조퇴, 업무 보고, 중요한 문서 보내기 같은 일들은 까톡으로 전달할 내용이 아니다. 부득이하게 까톡을 사용했다면 반드시 추가적인 보고 절차가 있어야 한다.

설령 회사에서 업무적인 목적으로 까톡을 활용하고 있다 해도 상사의 별도 지시가 있었다면 그것을 존중하는 것이 상사에 대한 예의다. 신입사원 한 명으로 인해 애꿎은 동료들이 눈치를 보거나 불편한 상황을 받아들여야 할 이유는 없다. 즉 까톡을 어떻게 사용하느냐에 따라 까톡은 직장생활에 해가 되기도 하고, 일을 원만하게 처리하는데 사용되기도 한다.

까톡 사용 시 주의사항

- 상사나 동료를 저격하는 내용을 프로필로 설정하지 않는다.
  ex) 무개념 상사, 사무실에 악마가 있어, 지옥에 가길 기도해 등…

- 나쁜 이미지를 주는 내용을 지양한다.
  ex) 일하기 싫어, 울 회사 싫어, 회사 옮길 거야 등…

회사생활예절 기출문제
(신입사원용)

1. 출근시간 신입의 바람직한 자세는?
① 출근시간보다 조금 일찍 도착한다.
② 출근시간에 간당간당하게 도착한다.
③ 5분 정도는 늦는 것은 애교다.

2. 다음 지문을 읽고 신입사원의 올바른 생각을 모두 고르시오.

> 회사의 출근시간은 9시다. 출근시간에 맞추기 위해 매일아침 6시50
> 분에 집을 나선다. 하지만 회사가 멀어서 10~20분 정도 늦을 때가 종
> 종 있다. 이때마다 상사는 직원의 입장을 이해하지 못하고 질책을 한
> 다. 아무래도 상사 복이 없는 것 같다.

① 집과 회사의 거리가 멀면 늦을 수 있다.
② 매번 10~20분을 지각을 한다면 늦지 않기 위해 일찍 집을 나서야
  한다.
③ 늦은 만큼 일을 더 하면 문제 될 일이 아니다.

3. 인사를 해야 하는 상황을 모두 고르시오.
① 출근할 때
② 퇴근할 때
③ 복도에서 상사를 마주쳤을 때
④ 상사가 더 선임 상사에게 혼나고 있을 때

4. 회의할 때 처리해야 하는 사항을 모두 고르시오.
① 인원수에 맞게 회의 자료를 준비한다.
② 펜과 메모지를 준비한다.
③ 회의가 끝나면 회의실을 정리한다.

5. 퇴근은 어떻게 하는 것이 좋은가?

① 상사와 동료에게 인사하고 퇴근한다.

② 퇴근 시간에는 조용히 사라진다.

③ 별도의 지시가 있을 때까지 멀뚱멀뚱하게 앉아 있는다.

6. 퇴근할 때 책상 정리 예절로 적당한 것은?

① 사용하던 서류는 원위치시키고, 책상 위를 깔끔하게 정리한다.

② 사용하던 서류를 의자 위에 올리고 보이지 않게 밀어 놓는다.

③ 어차피 내일 또 사용해야 할 서류들이므로 책상 위에 깔끔하게 쌓아 놓고 퇴근한다.

7. 인사는 어떻게 하는 것이 좋은가?

① 선배가 먼저 인사할 때까지 기다린다.

② 상대가 인사를 안 받으면, 다시는 인사를 하지 않는다.

③ 회사에서 만나는 모든 사람에게 밝은 모습으로 인사를 한다.

8. 보고는 어떻게 하는 것이 좋은가?

① 수시로 중간보고를 한다.

② 중간보고를 하면 방향이 수정되므로 하지 않는다.

③ 이메일 보고를 지시받은 것은 긴급한 상황이 발생해도 이메일 보고가 원칙이다.

④ 상사가 자리를 비웠을 때는 긴급한 상황이 발생해도 연락하지 않는다.

9. 근태에 대해 올바른 것을 모두 고르시오.

① 지각이 예상될 때는 빨리 보고한다.

② 결근하면 사후에 휴가원을 제출한다.

③ 몸이 아파서 결근하는 것은 어쩔 수 없는 상황이므로 동료들에게 알리지 않아도 된다.

④ 지각, 조퇴, 결근은 1년에 12회 이상을 넘지 않으면 된다.

10. 상사에 대한 친근한 호칭으로 옳은 것은?

① 부장님, 팀장님

② 형, 누나

③ 오빠, 저기요

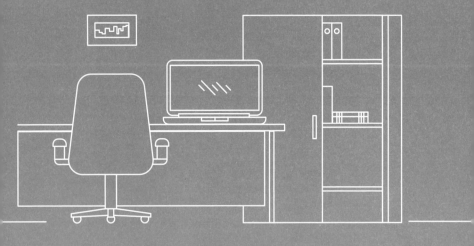

06

업무 예절

업무
예절

01

업무 지시는
어떻게 해야
하나요?

업무를 지시할 때는 본인부터 지시할 내용을 정확하게 파악해야 한다. 그래
야 핵심을 제대로 전달할 수 있다. 직원들은 지시의 합리성에 의문을 갖는다.
사실 회사라는 곳은 육하원칙으로 지시를 해도 소통에 왜곡이 생기는 곳이다.

분명한 지시가 먼저

지시를 잘하는 것은 리더십의 매우 중요한 능력이다. 지시가 불분명해도 자신의 의도를 파악하는 사람을 능력 있다고 생각하는 상사들이 있지만, 사실 그건 요행을 바라는 것과 같다. 지시가 불명확한데 어떻게 방향을 정확하게 파악하라는 것인가. 지시가 불분명한 것은 상사의 무능함을 그대로 노출시키는 것이다. 의도한 바가 있다 하더라도 직원 입장에서는 업무 시간보다 의도를 파악하는 데 쓰는 시간이 더 많아진다. 비효율적이고 불합리한 업무 행태다. 양질의 보고서나 자신의 입맛에 맞는 보고서가 올라오기를 바란다면 눈치 빠른 직원을 양산하는 일보다 '분명한 지시'가 먼저. 후배가 상사에게 예의를 지켜야 하는 것처럼 정확한 업무 지시는 상사가 후배에게 지켜야 하는 공적 예절이다. 후배들을 질책하기 전에 지시부터 잘하자.

본인부터 정확하게 파악하기

업무를 지시할 때는 본인부터 지시할 내용을 정확하게 파악해야 한다. 그래야 핵심을 제대로 전달할 수 있다. 그렇지 않으면 직원들은 지시의 합리성에 의문을 갖는다. 사실 회사라는 곳은 육하원칙으로 지시를 해도 소통에 왜곡이 생기는 곳이다. 왜곡된 업무 내용을 전달하지 않으려면 상사 스스로 정확한 지시를 해야 한다.

S 에너지의 문 대리는 상사인 김 부장 때문에 미쳐버릴 지경이다. 분명 김 부장이 지시한 내용대로 보고서를 올렸음에도 불구하고, 역으로 질책을 받는 상황에 울화가 치민다. 게다가 김 부장이

80퍼센트 이상 수정한 보고서를 사장에게 결재 받아야 하는 상황이 너무 싫다. 매번 문 대리는 작성자인 자신조차 이해하지 못한 보고서를 들고 사장실에 들어가 깨지고 나온다. 이런 상황이 반복될 때마다 줄담배로 심란한 마음을 달랜다.

참다못한 문 대리는 '이 보고서는 부장님이 모든 내용을 바꾼 것이니 부장님이 결재를 받아주시죠'라며 불만을 표출했다. 그날 이후로 김 부장은 사장에게 매번 깨지고 나온다. 같은 상황이 몇 번 반복되자 사장은 김 부장과 문 대리를 동시에 불렀다. 부장을 옆에 세워놓은 상태에서 문 대리에게 지시를 내려보았다. 아이러니하지만 그 이후 문 대리가 작성한 보고서는 한 번도 지적받은 적이 없다. 이 상황은 사장의 지시를 김 부장이 제대로 이해하지 못했고, 부하직원에게도 제대로 전달하지 않아 생긴 일이다.

두루뭉술한 지시는 두루뭉술한 결과를 만든다

요즘 직원들은 똑똑하다. 게다가 의사 표현까지 확실하다. 이제 더 이상 어눌한 지시와 두루뭉술한 지시가 먹히는 시대가 아니다. 까라면 까는 시대를 추억하는 것은 자유지만 업무에 대해서만큼은 상사다움을 가지고 있어야 한다. 미안한 말이지만 상사의 정확한 지시 없이 좋은 보고서를 기대하는 것은 불가능하다. 회사라는 곳은 '어' 하면 '척' 하고 알아듣는 직원을 찍어내는 공장이 아니라 일을 해서 성과를 내야 하는 비즈니스 공간이다. 불명확한 지시는 후배를 힘들게 하고 상사의 능력을 의심하게 만든다.

일 못하는 상사는 후배의 의욕을 떨어트린다

K 기업 인사팀의 직원들을 미치게 하는 것은 팀장의 표현 방식과 발음이다. 직원들은 팀장의 지시를 알아듣지 못해도 질문을 하지 않는다. '잘 못 알아들었습니다. 다시 한 번 말씀해주시죠'라고 질문하면 팀장은 여지없이 말할 때 똑바로 듣지 않고 뭐 했냐고 질책한다. 인사팀 직원들은 매번 옹알이처럼 들리는 상사의 지시 내용과 의도를 파악하는 일에 대부분의 시간을 보내고 영혼 없는 야근을 한다. K 기업은 높은 연봉과 복지로 알려진 회사다. 회사에 퇴직자가 거의 없는데도 유독 이 부서에는 퇴사자가 생긴다. 예의 없는 후배는 상사와 동료들을 불편하게 만들지만, 지시조차 제대로 못하는 일 못하는 상사는 직원들의 의욕을 떨어뜨린다.

가장 먼저 최고경영자의 지시가 분명해야 하고, 중간관리자라면 자신부터 경영자의 지시사항을 정확하게 파악해 직원들에게 전달해야 한다. 그래야 업무가 엉뚱한 방향으로 진행되는 낭비를 줄인다. 회사라는 곳은 상사의 의도를 파악하기 위해 일하는 곳이 아니라 일을 하고 정당한 보수를 받고 회사를 위해 일하는 공간이다. 후배도 노력해야 하지만 상사도 후배 못지않게 노력을 해야 한다.

☞ 효과적인 업무지시를 위한 육하원칙

Who 누가	When 언제	Where 어디서	What 무엇을	Why 왜	How 방법
누가 적격자인지? (업무분장)	언제까지 해야 하는지?	활용가능한 자원/정보는 있는지? 있다 면 무엇인지?	어떤 결과물을 기대하는지?	왜 해야 하는지?	어떤 방법이 좋은지?

그리고 진짜 중요한 동기부여와 책임

육하원칙과 더불어 필요한 것이 '동기부여와 책임'이다. 이 업무를 잘 해냈을 때의 긍정적인 부분과 수행하지 않거나 진행이 잘못될 경우 발생할 문제를 공유하는 것은 직권으로 하는 지시보다 더 강력한 힘이 있다. 단, 책임 전가가 목적이 아닌 목표와 문제의식에 대한 공유가 목적이어야 한다.

◆ 회사생활예절 문제 ◆

상사의 지시가 분명하지 않다. 직원들의 속마음은 어떨까?

① 우리 상사는 후배를 가르치는 능력이 탁월한 사람이다.
② 우리 상사는 자기가 지시하는 내용을 정확하게 알기는 하는 걸까?
③ 매번 야근을 할 수 있도록 생각의 폭을 넓혀주는 상사는 항상 고맙다.

업무
예절

02

제대로
지시하는
방법이 있나요?

기간과 업무량을 고려하지 않은 지시는 상사 스스로 무능을 인정하는 것과 다르지 않다. 누구에게 지시했는지, 몇 건을 지시했는지, 얼마간의 기간을 주었는지, 시간은 얼마나 흘렀는지를 지속적으로 확인해야 한다. 이것은 리더가 팀원에게 지켜야 하는 공적 예절이다.

명확한 일정을 말해주기

업무를 지시할 때는 명확한 일정을 정해주어야 한다. 육하원칙의 두 번째 규칙인 '언제까지'를 설정하는 것은 상대에게 정확한 의사를 전달하는 데도 중요하지만 일정상 처리가 불가능한 경우 의견을 개진할 수 있는 여유를 주기도 한다. 지시하는 사람과 업무를 수행하는 사람의 일정이 서로 달라 회사에서 필요한 시간을 맞추기도 어렵지만 좋은 품질의 결과물을 만들기는 더 어렵다. 예를 들어 '이 업무는 중요한 업무니까 빨리 처리해'라고 지시한다면 이 지시에 대한 해석은 다양하다. '빨리'라는 것이 하루를 뜻하는 것인지, 2~3일을 뜻하는 것인지, 일주일을 뜻하는 것인지 알 수 없다.

'빠른'이라는 기준은 사람마다 다를뿐더러 이 말을 사용하는 사람의 기분에 따라 시간의 길이도 달라지게 마련이다. 지시를 받은 직원이 최선을 다해 업무처리를 하고 있는데, 도저히 처리가 불가능한 시간에 '그거 아직도 안됐나?'라고 매번 다그친다면 직원의 입장에서는 열심히 일해야 할 이유가 없다. 명확한 일정을 정하는 것이 단순히 '언제까지 처리해!'라는 지시라고 생각하면 곤란하다.

업무 지시가 어려운 상사라면

일정 지시를 잘하기 위해서는 두 가지가 고려되어야 한다. 첫 번째는 지시하는 업무를 처리하기 위해서는 어느 정도 기간이 걸리는지 알아야 한다. 1개월이 걸릴 업무를 일주일 안에 보고하라고 한다거나, 일주일이 걸릴 업무를 내일 당장 보고하라고 한다면 업무능력이 출중한 직원도 감당하기가 어렵다. 매우 불합리한 지시다. 본인의 개인 시간까지 포기하고 업무를 한다고 해도 본전 이상을 할 수 없는 일이다.

열심히 해도 질책을 받고 대충 해도 같은 수준의 질책을 받는다면 굳이 열심히 해야 할 이유가 있을까. 반대로 3~4일이면 충분한 일을 2주 동안 질질 끌게 만드는 것도 바람직하지 않다.

업무량을 파악하고 지시하기

두 번째는 직원의 업무량을 파악하는 것이다. 아이러니하지만 이것은 업무 지시를 하면서 기간을 설정하는 것과 밀접한 관계가 있다. 예를 들어 한 직원은 매번 업무 과부하가 걸려 있고, 또 다른 직원은 업무량이 적어서 매번 놀고 있다. 만약 이것이 업무 처리 속도가 빠른 사람과 느린 사람의 차이가 아니라면 합리적이지 않다. 어떤 이유든 전자의 직원에게 업무를 준다면 시간이 오래 걸릴 것이 뻔하고, 여유 있는 직원은 금방 처리할 것이다.

기간과 업무량을 고려하지 않은 지시는 상사의 지시 능력이 부족하기 때문이다. 스스로 누구에게 지시했는지, 몇 건을 지시했는지, 얼마간의 기간을 주었는지, 시간은 얼마나 흘렀는지를 지속적으로 확인해야 한다. 이것은 리더가 팀원에게 지켜야 하는 공적 예절이다.

업무를 지시하면서 일정과 기한을 알려주지 않는 것은 소통에 오해를 만들기도 하지만 업무의 생산성을 떨어트린다. 일의 경중이나 상사의 의도를 알면 좋겠지만, 상사와 도플갱어가 되지 않는 한 그런 것까지 알기란 어렵다.

업무가 적은 경우라면 즉시 하면 그뿐이지만, 업무량이 많은 경우라면 매우 스트레스 받는 일이다. 상사의 옳고 그른 지시는 회사라는 공간을 비즈니스 공간을 만들기도 하고 생지옥을 만들기도 한다.

◆ 회사생활예절 문제 ◆ 1

상사가 업무를 지시할 때 일정을 알려주지 않는다.
직원의 마음은 어떨까?

① 하던 업무를 마저 끝내고 처리해야겠다.
② 하던 일이 밀려 있지만, 며칠을 야근해서라도 빨리 끝내야지.
⑤ 언제까지 하라는 거야?

◆ 회사생활예절 문제 ◆ 2

상사가 업무를 지시할 때, 명확한 기한을 알려준다. 직원의
마음은 어떨까?

① 정해진 기한을 지키기 위해서는 시간 배분을 잘해야겠다.
② 상사가 말한 시간은 불필요한 시간이고 내가 알아서 하지 뭐.
③ 내가 알아서 하면 되지, 왜 시간을 정하고 난리야.

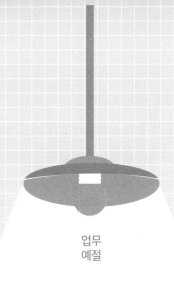

업무
예절

03

답을 정해놓고
지시하는 상사
어떻게 해야 하나요?

'답을 정해져 있으니 넌 대답만 하면 돼' 식의 지시는 좋지 않다. 직원에게 자율
적인 결정권을 주되 책임과 권한까지 같이 주는 것이 합리적이다.

직장인들이 꼽은 최고의 꼰대 상사

직장인들이 꼽은 최고의 상사 1위는 '답정녀' 식 상사이다. 애석하게도 꼰대 상사 중 최고의 존재감을 뽐냈다. '답정녀'는 '답은 정해져 있으니 넌 대답만 하면 돼'라는 의미이다. '요즘 그런 상사들이 얼마나 되겠어'라고 생각할지 모르겠으나 이런 상사로 인해 퇴사 충동을 느꼈다고 응답한 비율은 무려 80퍼센트를 넘었다. 이런 지시 방법이 후배들에게 부정적이라는 방증이다. 게다가 잘 먹히지도 않는다.

상사들은 지시가 어눌해도 직원들에게 '우문현답'을 기대하지만 직원들은 지시가 불분명하면 '동문서답'을 한다. 과거의 후배들은 소모적인 일인 걸 알면서도 '우문현답'을 찾는 일에 시간을 투자했지만, 지금 세대는 그런 일에 시간을 투자하지 않는다. 이런 이유로 '답정녀' 식 지시와 아닌 지시에 대한 분명한 구분이 필요하다. 변하는 세대를 이해하지 못하면 양쪽 모두 소모적인 일로 논쟁하거나 시간을 허비하게 된다.

'답정녀' 식 지시와 아닌 지시 구분하기

상사들은 요즘 사람들이 끈기가 없고 개인주의라고 느낀다. 맞는 말이기도 하고 틀린 말이기도 하다. 하지만 사람이라는 자원도 회사의 경쟁 환경이다. 바꿀 수 있는 것과 바꿀 수 없는 것 사이에서는 선택과 집중이 필요하다. 만약 사람들의 변화가 세대의 흐름이라면 불가능에 가까운 정신 개조를 위해 시간을 보내는 것보다 변한 후배들을 통해 최대의 성과를 내는 방법을 고민하는 것이 더 경제적이다.

지금의 경제 환경은 변화무쌍하다. 5년, 10년 후의 문제가 아니라 1~2년 후도 예측하기가 어렵다. 이런 급격한 환경의 변화에 리더의 지시가 구시대적이면 경쟁력이 떨어질 것은 불 보듯 뻔한 일이다. 그럼에도 오랜 기간 경험으로 체득한 상사의 노련한 경험과 노하우는 경제적인 가치가 크다. 이것에 가치를 더하기 위해서는 상사의 지시방법이 분명해야 한다. 그것이 성과를 내는 일에 더 이롭다.

답정녀의 지시를 할 때는 리더 스스로 책임을 지는 자세는 당연하다. 책임이 뒤따르지 않으면 직원들은 상사를 존중해야 할 이유가 없다. 만약 직원에게 자율적인 결정권을 준 경우라면 책임뿐만 아니라 권한까지 같이 주는 것이 합리적이다. 다만 이때 자율권을 주는 모양새를 취하면서 자신이 정한 방향으로 몰고 가기 위해 끊임없이 괴롭히는 방식은 매우 치졸한 방법이다.

◆ 회사생활예절 문제 ◆

상사가 '답정너'의 지시를 하지만 책임은 미룬다.
직원의 마음은 어떨까?

① 참, 무책임한 사람이다.
② 책임감을 가지고 열심히 일해야겠다.
③ 상사의 말은 언제나 옳다. 까라면 깐다.

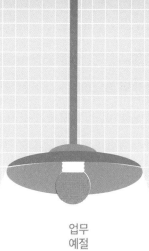

업무
예절

04

지시한 것을
꼭 메모해야
하나요?

후배들에게 권력으로 군림하는 나쁜 상사가 아닌, 좋은 리더나 공정한 리더가 되고 싶다면 반드시 '기록'에 의지해야 한다. 사실 회사라는 곳은 지시받는 후배의 기록도 중요하지만 지시하는 상사의 기록이 더 중요할 때가 많다.

지시하는 상사의 기록이 더 중요하다

업무 담당자가 상사의 지시사항을 메모하는 것은 당연한 일이다. 그렇다면 반대로 상사가 직원에게 지시한 것을 기록하는 것도 당연한 일이어야 한다. 업무를 지시하고도 정확하지 않거나 불안정한 기억에 의지하는 것은 불합리한 문제를 일으킨다. 상사는 항상 맞고 직원은 항상 틀리는 쪽으로 반응하기 때문이다.

특별한 경우가 아니라면 상사와 후배 사이의 분쟁은 언제나 상사가 승자다. 그것은 잘못된 일이기도 하지만 공정하지도 않다. 사람의 좋고 나쁨과는 다른 문제다. 제아무리 똑똑한 사람이라 할지라도 기억에는 오류가 많다. 이는 심리학자, 뇌과학자, 그리고 다른 전문가들에게서 검증되었고 검증 내용은 일일이 나열하기 힘들 만큼 방대하다.

어떤 경우에도 기억은 기록을 이길 수 없다. 그러나 현실에서는 힘 있는 상사의 불완전한 기억이 힘없는 후배의 정확한 기록까지도 이기는 경우가 많다. 후배들에게 권력으로 군림하는 나쁜 상사가 아닌, 좋은 리더나 공정한 리더가 되고 싶다면 반드시 기록에 의지해야 한다. 사실 회사라는 곳은 지시받는 후배의 기록도 중요하지만 지시하는 상사의 기록이 더 중요할 때가 많다.

메모하지 않는 사람의 특징

직장인 시절 맡았던 업무 중 한 가지는 업무 조정과 관련된 내용이었다. 계열사나 부서, 팀 간에 업무 마찰이 생기면 회의를 소집하고 협의를 통해 업무를 중재하고 조정하는 역할을 했다. 이때

조정과 관련한 모든 회의는 공개적으로 녹취하고, 그 내용을 근거로 회의 자료를 작성해서 참석자 전원에게 회람을 했다. 아이러니한 것은 본인들이 주장하고 협의 또는 합의한 내용을 그대로 기록했음에도 불구하고 '단언컨대 나는 그런 발언을 한 적이 없다'라고 주장하는 사람이 꼭 있다는 사실이다. 녹취록을 들려주기 전까지 이의를 제기하는 부류는 딱 두 부류다. 메모를 하지 않은 사람과 자신에게 유리한 내용만 기록하는 사람.

지시한 내용을 기록했다면 업무 진행사항을 수시로 챙겨야 한다. 지시받은 내용에 대해 업무를 하고 중간보고를 하는 것은 후배들의 일이지만, 일정을 수시로 챙기고 결과를 내게 하는 것은 상사의 몫이다. 상사들이 후배들에게 자주 하는 말이 있다. '적기만 하지 말고 업무를 제대로 챙겨'라는 말이다. 아무리 꼼꼼하게 메모해도 재차 확인하지 않으면 문제가 생긴다. 사람과 사람 사이에는 어쩔 수 없이 편파적인 감정이 개입한다고 해도 업무에 대해서만큼은 공정해야 한다. 그것이 상사가 후배에게 지킬 수 있는 공적 예절이다. 후배들은 인간적이지만 어설픈 기억에 의지하는 상사보다는 인간미가 떨어지더라도 정확한 상사를 더 신뢰한다. 전자는 좋아할 수 있지만 신뢰하지 않고, 후자는 좋아하지 않을 수 있지만 신뢰가 생긴다. 어떤 것이든 한쪽으로 치우치는 것은 좋지 않다.

각자에게 어떤 것이 더 중요한 문제인지 생각해보면 될 일이다. 회사라는 공간은 상사에 의해 일사분란하게 움직이는 프로페셔널한 집단이 되기도 하고, 불만 가득한 밥벌이의 공간이 되기도 한다. 상사의 역할이 그래서 더 중요하다.

◆ 회사생활예절 문제 ◆

상사가 지시사항을 매번 사실과 다르게 기억한다.
직원은 어떤 마음일까?

①✓ 자신이 지시한 것도 제대로 기억하지 못하면 어쩌라는 거야.
② 상사의 기억에는 오류가 없지만 내 기록에는 오류가 있다.
③ 회사와 상사와 부모는 하나다. 무조건 믿고 따른다.

업무
예절

05

맞춤법
꼭 지켜야
할까요?

오타나 틀린 맞춤법은 내용을 이해하는 데 문제없다 하더라도 문서의 완성
도를 떨어뜨린다. 게다가 불과 한끗 차이로 개인이나 조직의 신뢰도도 떨어
뜨리고 전문성을 의심하게 만든다.

작은 오타 하나가 큰 손실을 입힌다!

직장생활에서 글쓰기는 매우 중요하다. 입사할 때 스펙을 중시하고 일상생활에서는 예절을 중시하지만 업무에서는 글쓰기가 가장 중요한 능력이고 스펙이다. 작성된 것을 잘 설명하는 것도 필요한 능력이지만 기본적으로는 보고서나 제안서, 프레젠테이션으로 산출되는 결과물이 좋아야 한다. 결국 작성된 보고서의 최종 결재자가 오너 또는 최고 경영자이기 때문에 상사들도 부담을 가질 수밖에 없다. 만약 결재를 올려야 하는 보고서에 잘못 쓰인 글이나 오타가 많다면 상사는 결재할 때마다 불안함을 느낄 것이다. 결국 작성자를 믿지 못하게 되고, 상사로서도 피곤한 일이 된다. 결과물이 방향이 맞게 작성되었는지, 내용은 문제가 없는지를 검토해도 부족할 시간에 매번 오타까지 신경을 써야 하기 때문이다.

반대로 일목요연하게 잘 쓰인 글은 내용의 이해도를 높이는 것은 물론 가독성을 높이고 글의 의미를 왜곡시키지 않는다. 그런 이유로 상대에게 신뢰감을 주고 보고서나 제안서를 설득시키기가 용이할 수밖에 없는 것이다.

H 기업에 근무하는 심 부장은 평소 깐깐하기로 소문난 사람이다. 그런데 한 번의 실수로 오너에게 심하게 질책을 받았다. 입사 1년 차 직원이 쓴 보고서에 결재 도장을 찍었는데, 숫자 '0' 하나가 더 붙은 것을 발견하지 못했기 때문이다. 자신이 만들어 내려준 자동 서식에 후배가 임의로 숫자를 바꿔서 입력했을 거라고는 생각하지 못했다. 상사들은 이런 경험이 늘어날수록 후배들이 별것 아니라고 생각하는 오타 한 자까지도 까칠하게 반응하게 된

다. 맞춤법이나 잦은 오타 실수는 상사뿐만 아니라 자신도 피곤하게 만드는 일이다.

주식시장에는 작은 오타 하나가 큰 손실을 입힌다는 뜻으로 사용되는 팻 핑거Fat Finger라는 용어가 있다. 실제로 미국에서 투자은행 직원이 거래 단위를 m(million) 대신 b(billion)로 잘못 입력해서 15분 만에 다우지수가 9퍼센트 이상 폭락한 플래시 크래시Flash Crash가 발생하기도 했다. 불과 몇 년 전 국내에서도 모 증권사 직원의 사소한 실수로 증권시장에 큰 파장을 불러일으킨 바 있다.

실수를 반복하지 않는 것

맞춤법을 틀린다거나 오타 실수가 위의 사례처럼 모두 큰 문제를 일으킨다고 보기는 어렵지만, 항상 큰 실수의 위험성을 내포하고 있어 주의가 필요하다. 일이 처음으로 시작된다는 의미로 사용하는 '시발始發'이라는 단어가 있다. 만약 어떤 중요한 자리에서 'ㅅ'을 'ㅆ'으로 오타를 냈다고 가정해보자. 생각만 해도 등골이 오싹한 상황이다. 오타나 틀린 맞춤법이 내용을 이해하는 데 문제가 없다 하더라도 문서의 완성도를 떨어뜨리는 건 사실이다. 게다가 개인이나 조직의 신뢰도 마저 떨어뜨리고 전문성을 의심하게 만든다. 누구든 평소에 실수가 없어야 결정적인 순간에도 실수를 하지 않는다. 중요한 것은 오타와 맞춤법 실수를 반복하지 않는 것이다. 한두 번은 실수지만 반복되는 실수는 실력이다.

👉 선배들도 자주 틀리는 띄어쓰기

틀린 표현	맞는 표현	참고사항
근거 :	근거:	쌍점(:)의 왼쪽은 붙이고 오른쪽은 한 칸을 띄운다.
3일자로	3일 자로	'날짜'를 뜻하는 '자'는 앞말과 띄어 쓴다.
1/2 가량은	1/2가량은	'정도'를 뜻하는 '가량'은 앞말에 붙여 쓴다.
계획인 바 / 하는 바	계획인바 / 하는바	'계획인바'는 '계획이니까'와 가까운 뜻이다. 이처럼 '-까'의 뜻인 '-ㄴ바'는 앞말에 붙여 쓴다.
활용반등	활용반 등	그 밖에도 같은 종류의 것이 더 있음을 나타내는 '등'은 앞말과 띄어 쓴다.
9,355천원 / 억원	9,355천 원 / 억 원	금액을 나타내는 단위 '원'은 앞말과 띄어 쓴다.
주요업무 및 성과관리	주요업무 및 성과관리	앞뒤를 이어주는 '및'은 앞뒤로 띄어 쓴다.
차질없이	차질 없이	'관계없다'나 '관계있다'와 같은 일부 단어를 제외하고 '없다', '있다'는 앞말과 띄어 쓴다.
문서 입니다	문서입니다	'이다'는 앞말과 붙여 쓴다.
계약시, 승인후, 기한내	계약 시, 승인 후, 기한 내	'시', '후', '내'는 앞말과 띄어 쓴다.
한개, 두개, 한 두 개	한 개, 두 개, 한 두 개	'개'는 앞말과 띄어 쓴다.
시행전, 시행후	시행 전, 시행 후	'전' '후'는 앞말과 띄어 쓴다.

☞ 선배들도 자주 틀리는 낱말이나 구어체

틀린 표현	맞는 표현	참고사항
기 통보한	이미 통보한	
지체 없이	바로/곧바로	
산출 내역서	산출 명세서	
동 건은/동 시스템을	이 건은/이 시스템을	
계획을 달성할 수 있도록	계획을 이행할 수 있도록 or 목표를 달성할 수 있도록	계획은 '이행'하는 것이고, 목표는 '달성'하는 것이다. '계획'이 목적어이면 '이행하다'를, '목표'가 목적어이면 '달성하다'를 쓴다.
사료됨	생각함	어려운 한자말은 될 수 있으면 쉬운 말로 쓴다.
익일	다음날/이튿날	
감안하여	고려하여	
조속히	즉시/빨리	
전년에 비해	지난해보다	

☞ 선배들도 자주 틀리는 맞춤법

틀린 표현	맞는 표현	참고사항
2019.5.10	2019.5.10.	연월일 뒤에 마침표를 쓸 때는 '일'을 나타내는 숫자 뒤에도 마침표를 찍는다.
(XX(0000)XX)	[XX(0000)XX]	소괄호 안에 또 소괄호가 있을 때는 바깥에 대괄호 '[ ]'를 쓴다.
5.10~15간	5.10~15.에	물결표로 기간을 나타냈으므로 '간'은 불필요
2019. 5. 10(월)~5.19(금)	2019.5.10.(월)~5.19.(금)	날짜를 나타내는 숫자 다음에도 '일'을 뜻하는 마침표(.)를 찍는다.
재단법인으로써	재단법인으로서	'지위' '신분' '자격'을 나타낼 때는 '로서'가 맞는 표현이다.

3:00~7:00PM	오후 3:00~7:00	
한.일	한 · 일	같은 계열의 단어 사이에는 가운뎃점(·)을 쓴다.
또한	또한,	문장 첫머리의 접속어 다음에는 반점(,)을 쓴다.
있읍니다/없읍니다	있습니다/없습니다	'-읍니다'는 비표준어이고, '-습니다'가 표준어이다.
반듯이	반드시	
궂이, 구지	굳이	

☞ 선배들도 자주 틀리는 단어

틀린 표현	맞는 표현	참고사항
년수	연수	'년'이 말 첫머리에 나타나면 두음법칙에 따라 '연'으로 적는다.
승인률	승인율	모음이나 'ㄴ' 받침 뒤에서는 '율'로, 그 외의 받침 뒤에서는 '률'로 적는다.
모집공고	모집 공고	한 단어가 아니면 띄어 쓴다.
첫 해	첫해	첫해는 한 단어이므로 붙여 쓴다.
부과세	부가세	'부가가치세'를 줄여 쓸 때는 '부가세'로 써야 한다.
인권비	인건비	판매비와 일반관리비 항목 중 '급여'항목을 표현할 때는 인건비라고 표현해야 한다.
폭팔	폭발	
비젼	비전	
팀웍	팀워크	
갯수	개수	

☞ 헷갈리기 쉬운 맞춤법

돼 vs 되	**돼** : '되어'를 넣어 말이 되는 것 ex) 저는 야근할 각오가 돼 있어요. **되** : '되어'를 넣어 말이 안 되는 것 ex) 나는 임원이 되고 싶다 ※ 문장의 종결에 사용할 때는 무조건 '돼'로 끝낸다. (됐다, 안 돼 등)
으로써 vs 으로서	**으로써** : 일의 수단, 시간, 도구를 표현할 때 ex) A방법을 활용함으로써 **으로서** : 신분, 자격, 지위 등을 나타낼 때 ex) 담당자로서, 책임자로서
무난하다 vs 문안하다	**무난하다** : 별로 어려움이 없다, 흠잡을 만한 것이 없다. **문안하다** : 웃어른께 안부를 여쭈다.
결제 vs 결재	**결제** : 비용의 지출을 표현할 때 사용 **결재** : 상사에게 기안이나 보고서를 올릴 때 사용
미비 vs 미미	**미비** : 아직 다 갖추지 못한 상태를 설명할 때 사용 **미미** : 아주 작은 상태를 의미할 때 사용
실증 vs 싫증	**실증** : 확실한 증거, 실제로 증명함 **싫증** : 싫은 생각이나 느낌, 또는 그런 반응

※국립국어원 '2014년 한눈에 알아보는 공공언어 바로쓰기'에서 발췌

※ 의문이 드는 용어나 맞춤법은 무조건 재확인하라.

- 띄어쓰기는 누구에게나 어려운 부분으로 보고서나 기안 작성 시에는 매번 확인하는 것이 좋다. 상사가 잘 모르거나 잘못 알고 있는 경우도 있으므로 명확한 근거를 댈 수 있어야 한다.

- 가까운 사이에만 은어로 사용하는 말들은 업무적으로 사용하지 않아야 하며, 신조어의 경우는 사전에 등재되었거나 트렌드가 된 것만 사용한다.

맞춤법과 오타를 줄이는 스마트한 방법

■ 스마트 기능을 활용하라

① MS오피스, 한글 프로그램 등의 맞춤법 오류 프로그램을 활용하라.

　(보통 틀린 맞춤법이나 단어에는 빨간 밑줄이 생긴다. 반드시 확인한다.)

② 문서 도구의 맞춤법 검사기능을 활용한다.

③ 생소한 단어는 인터넷 사전을 참고한다.

■ 때로는 오래된 방법이 가장 좋다

① 의심이 가는 단어는 국어사전을 참고한다.

② 오타 노트를 만들어서 반복되는 실수를 찾아라.

　(보통 잘못 알고 사용한 맞춤법은 습관에 의해 반복된다.)

③ 기존 선배들의 보고서를 참고하라.

　(회사의 문화에 따라 많이 사용하는 단어와 사용하지 않는 단어가 있다.)

④ 완벽하다고 생각되면 출력해서 확인하라.

　(컴퓨터 모니터로 보는 것과 출력해서 보는 것은 확연히 다르다.)

■ 필요한 경우 장비를 바꿔라

① 손에 맞지 않는 키보드가 있다.

② 특정 키워드에서 오류를 일으키는 키보드가 있다.

업무
예절

06

매번 급하게
지시하는 상사
어떻게 해야 하나요?

회사라는 곳은 특성상 급하게 처리해야 하는 업무가 생긴다. 직원들을 괴롭
히는 것이 자신의 역사적 사명이 아니라면 급한 일과 급하지 않은 일을 구분
해서 지시해야 한다.

생각나는 대로 지시하는 일은 금물

U사의 입사 4년 차인 김 대리는 누구나 입사하고 싶어 하는 대기업을 다니고 있다. 그러나 언젠가부터 퇴사를 고민한다. 상사의 업무 지시 방식 때문이다. 힘들어도 꾹꾹 참아왔지만 더 이상 참다가는 화병이라도 걸릴 것 같다.

상사는 일을 좋아하는 사람이다. 일을 좋아하는 것까지는 좋은데, 본인의 급한 성격 때문에 업무 아이디어가 생각날 때마다 시간을 고려하지 않은 상태로 업무 지시를 한다. 문제는 그 모든 업무에 대해 '급하니까 빨리 보고해'라는 주문을 한다는 것이다.

상사의 요청 방식으로 모든 업무를 처리하기 위해서는 1년 365일 야근을 해도 소화가 불가능한 수준이다. 게다가 중요도가 아니라 얼굴을 마주칠 때마다 생각나는 대로 진행사항을 묻는 방식이다. 매일 야근하다가 하루쯤 일찍 들어가는 날이면 눈치가 보여 숨이 막힌다. 상사가 퇴근 인사로 던지는 '어제 지시한 업무는 어떻게 됐나?' 식의 질문이 발목을 잡기 때문이다. 매번 말도 안 되는 이유로 깨지고 서로 피해 다니는 선배들과 자신의 모습을 보면 이게 직장인인지 노예인지 한숨까지 나온다.

무개념 상사는 '급하다'를 외친다

회사는 응급실도 아니고 상사의 놀이터도 아니다. 때때로 중요한 업무가 있거나 급한 업무가 있을 때는 야근도 불사할 수 있지만, 상사의 스타일을 맞추기 위해 야근을 하거나 분위기 때문에 야근하는 것은 바람직하지 않다. 장점도 없고 단언컨대 회사에 득이 되는 일도 아니다.

지각이나 결근을 밥 먹듯이 하는 직원이 매번 하는 변명이 '오늘 갑자기 무슨 일이 있었어요' '믿기 어려우시겠지만 오늘도, 내일도, 그다음 날도 출근길에 무슨 일이 생길 것 같습니다' 같은 것이라면 상사로서 무개념 직원으로 생각하는 것은 당연하다.

회사라는 곳은 특성상 급하게 처리해야 하는 업무가 생긴다. 하지만 지시하는 업무마다 '급하다 급해'를 외치면 직원들은 쉽게 지치고, 상사의 급한 지시에 뇌성을 가지게 된다. 진짜 중요하고 급한 일이 생겼을 때 직원들이 움직이지 않는 괴현상이 생길지도 모른다. 이런 상황이 되면 상사로서는 미치고 환장할 노릇이지만, 매번 '급하다 급해'를 외치는 상사도 직원들을 미치게 만든다. 직원들을 괴롭히는 것이 자신의 역사적 사명이 아니라면 급한 일과 급하지 않은 일을 구분해서 지시해야 한다. 그것은 상사의 공적 의무이다.

상사가 업무를 지시할 때마다 '급하다 급해'를 외친다. 직원의 속마음은 어떨까?

① 급한 일이니까 빨리 처리해야지.
② 이 사람 뭐야? 직급은 딱지치기해서 딴 거야?
③ 급한 일은 좀 더 빨리 지시하면 안 되나?

상사가 이번에는 더 급한 일이라고 지시를 했다. 직원의 속마음은 어떨까?

① 진짜 급한 일인가보다. 빨리 처리해야지.
② 바쁘기는 개뿔, 못 들었다고 전해라.
③ 우리 회사가 일이 잘되는 모양이다.

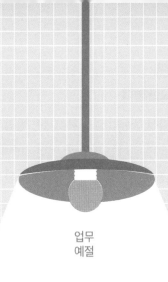

업무
예절

07

업무 진행 중에
중간보고는
어떻게 하나요?

중간보고는 선택이 아닌 필수다. 그리고 자주 할수록 좋다. 상사로서는 자
신의 의도를 정확하게 파악했는지, 어떻게, 어느 정도 진행했는지 궁금증
을 해소할 수 있다.

직장에서 보고는 중요한 능력

업무 지시를 하면 혼자서 묵묵히 일을 처리하는 방법과 상사에게 사소한 것까지 캐물으며 일하는 방법 중 어떤 것이 더 효과적일까? 결과를 따지지 않는다는 전제가 깔린다면 상사의 입장에서는 전자의 직원이 더 편하고 좋다. 그러나 전자의 경우는 딱 거기까지다. 두 사람이 비슷한 업무능력을 가지고 있다면 후자의 경우가 결과물이 더 좋을 것이다.

여러 차례 언급했지만 회사라는 곳은 육하원칙으로 이야기를 해도 소통에 왜곡이 생기는 곳이다. 지시하는 사람과 업무를 수행하는 사람이 다르기 때문이다. 3~4명을 거쳐야 하는 스피드 단어게임을 예로 들어보자. 분명 같은 단어를 보고 설명을 하는데 사람마다 설명하는 내용이 다르다. 서로 단어를 이해하는 방법이 다르기 때문이다. 그뿐 아니라 전달하는 과정에서 내용이 왜곡되어 결국 마지막 사람은 쉬운 단어조차 틀리는 경우가 많다.

직장이라는 곳의 소통도 스피드 단어게임과 유사한 부분이 많다. 경영자가 지시하고, 지시를 받은 임원이 다시 부서장에게 지시하고, 팀장에서 사원까지 이어지는 방식이다. 그런 과정에서 일부 상사들은 이해하지 못한 부분을 모호하게 지시하기도 한다. 회사라는 조직의 특성상 톱다운 방식의 지시 형태를 가지고 있기 때문이다. 이런 문제에서 생기는 소통의 불일치를 줄이기 위해서는 질문을 통해 내용을 재확인하고 피드백을 받는 과정이 있어야 한다. 업무에서 그 과정은 중간보고다. 직장생활에서 보고를 잘하는 것은 매우 중요한 능력이다.

중간보고의 힘은 예상외로 크다!

상사의 지시를 한 번에 알아듣고 묵묵히 일하는 것을 장점이나 능력으로 생각해서는 곤란하다. 신이 아닌 이상 상사의 의도를 한 번에 정확하게 이해하는 것은 불가능하다. 간혹 애매한 상사의 지시에도 상사의 의도가 그대로 반영된 보고서를 내는 사람들이 있다. 그들을 유심히 살펴보면 중간보고에 능통하다.

주변에서 중간보고라고 인식하지 못할 정도로 자주 질문하고 의도를 확인한다. 특정한 격식을 갖추지 않아도 상사와 자연스럽게 어울리는 점심시간, 티타임, 회식 자리 같은 시간을 활용하는 경우가 많다. 가벼워 보이지만 깊게 소통할 수 있는 일상을 활용하는 경우가 대부분이다. 직장에서 일을 잘하는 사람 중에 보고 능력이 떨어지는 경우는 극히 드물다.

소통의 거리가 생기면 가까워지기 어렵다

신입사원이 중간보고를 어렵게 느끼는 것은 대체로 두 가지다. 한 가지는 지시를 받고 일을 하면서도 업무를 잘 모르는 경우다. 대체로 생각만 하다가 시간을 보내는 경우가 많아지고 업무의 진척도가 매우 늦다. 보고서의 내용이 좋을 리 없다.

자신이 올린 보고서로 매번 질책을 받는다면 상사와의 소통인 중간보고를 생략하지는 않았는지 복기해 보아야 한다. 만약 그렇다면 더 자주 중간보고를 하는 것을 습관화해야 한다. 상사와 한 번 소통의 거리가 생기면 가까워지기 어렵다.

잘하려는 욕심 버리기

또 한 가지는 너무 잘하려는 욕심 때문이다. 신입사원의 경우는 잘하려는 욕심을 버려야 한다. 그 시기는 욕심내거나 잘해야 할 시기가 아니라 잘 배워야 하는 시기이다. 이것을 간과하면 중간보고를 통해 배워야 할 때 배우지 못하고, 후배들을 가르쳐야 할 때 가르칠 것이 없어진다.

중간보고는 선택이 아닌 필수다. 그리고 자주 할수록 좋다. 상사로서는 중간보고를 통해 자신의 의도가 정확하게 파악되었는지, 지시가 어떻게 어느 정도 진행되었는지 궁금증을 해소할 수 있다. 반대로 직원 입장에서는 자신이 진행하고 있는 업무의 방향이 맞는지, 수정사항은 없는지 확인할 수 있고 피드백을 통해 좀 더 좋은 보고서를 만들 수 있다. 할 수만 있다면 자신만의 방식으로 중간보고 격식을 무너뜨리는 것이 좋다.

중간보고 할 때 중요한 3가지

1. 상사가 묻기 전에 보고한다.
2. 요약 보고(격식에 구애받지 않는다).
3. 방향이 맞는지 반드시 확인한다.

업무
예절

08

칭찬받는
보고는
어떻게 하나요?

책임 있는 보고를 위해서는 근거나 사유를 분명히 해야 한다. 결론이 'A'라면
왜 A인지, A에는 문제가 없는지, 있다면 어떤 식으로 해결할 것인지, 더 좋은
방법은 없는지에 대해 꿰뚫어야 한다. 이런 것이 기반이 되면 상사에게 신뢰
를 주는 것은 물론 설득이 쉽다.

매번 깨지는 보고는 이유가 있다

S사에 다니는 김 대리는 보고할 때마다 상사에게 질책을 받는다. 남들 퇴근할 때 야근도 불사한 채 혼자 자료조사를 하고 문제점을 파악해서 상사에게 상세히 보고하는데도 지적을 받는 상황이 도저히 이해가 되지 않는다. 더 기분 나쁜 것은 빈약한 보고서를 올리는 후배는 매번 상사의 칭찬을 받는다는 것이다. 사람을 차별하는 것 같아 기분이 좋지 않다.

반대로 상사인 곽 부장은 김 대리의 보고를 받을 때마다 울화가 치민다. 매번 야근한다고 남아 있기는 하지만 도대체 무엇을 하는지 이해가 가지 않는다. 매번 알맹이가 없는 보고를 하는 김 대리에게 중요한 내용만 뽑아서 보고하라고 지적을 하지만 변화가 없다. 시장 현황이나 문제점만 쭉 나열한 채 '어찌하오리까?'를 묻기만 한다. 곽 부장이 화가 나는 것은 중간보고나 최종보고 상관없이 업무 담당자로서의 의견이나 결론이 없기 때문이다.

보고는 요점을 정확하게

만약 상사에게 보고를 하고 나서 '요점이 뭔데?'라는 질문을 받는다면 그 보고는 실패한 보고다. 보고의 기본은 전달하고자 하는 내용이 분명해야 하고 '어떻게 할 것인지?'에 대한 결론이 존재해야 한다. 만약 현상이나 문제점만 나열한 채 '결정은 당신이 하세요' 식의 보고를 한다면 상사의 입장에서는 최악의 보고서인 셈이다. 곽 부장이 김 대리의 보고서에서 느낀 것은 업무 담당자로서 주도권도 없고 책임마저 회피하는 모습이었다. 설령 상사가 방향이나 답을 정해주었다고 할지라도 그것이 맞는지, 문제는 없는지, 문제가 있다면 어떻게 해결해야 하는지, 더 좋은 방법은 없는지 고민해야 한다. 그것은 담당자가 풀어야 하는 숙제다.

보고에 민감한 이유

회사에서 일어나는 업무 중에는 정답이 있는 것도 있지만 그렇지 않은 경우도 많다. 모든 일에는 양면성이 존재한다. 제아무리 똑똑하고 지혜로운 상사도 모든 업무에 정답을 가질 수 없고 섣불리 판단하기도 어렵다. 그 한 번의 결정이 회사에 이익을 주기도 하고 손실을 끼치기도 하기 때문이다. 업무를 수행하는 담당자에게도 부담스러운 일이지만 결정권을 가진 상사의 입장에서도 꽤 부담스러운 일이다. 설령 대단한 현명함을 가지고 있다 해도 현실적으로 그 많은 업무에 대해 직접 자료를 조사하고 검증하는 것은 불가능하다. 그래서 실무자에게 업무를 지시하고, 실무자가 조사하고 검증한 내용을 토대로 최종 의사결정을 한다. 이때 올라오는 보고서가 빈약하다면 의사결정도 함께 빈약해지고, 반대로 보고서의 내용이 충실한 경우 뜻밖의 아이디어를 얻기도 한다. 상사들이 보고에 민감할 수밖에 없는 이유다.

보고에는 자신만의 결론을 담아야 한다

업무 보고를 할 때 상사에게 결정을 미루는 것은 자신의 업무나 판단에 자신이 없다는 방증이다. 아무리 자료조사나 검증이 잘 되었다고 해도, 보고에 대해서 스스로 자신 없는 모습을 보이면 상사로서는 자료를 신뢰하기가 어렵다. 어떤 업무에 대해서든 보고를 잘하는 것은 지시사항을 잘 이해하고 있거나 잘 알고 있어야 한다. 자기가 보고하는 업무에 대해서는 정확히 꿰뚫고 있어야 결론을 가질 수 있다. 담당자 스스로 결론을 회피하고 상사에게 '어떻게 할까요?'를 묻는 것은 '나는 업무에 대해 잘 몰라요'를 시인하는 것과 같은 행동이다.

책임 있는 보고를 위해서는 근거나 사유를 분명히 해야 한다. 결론이 'A'라면 왜 A인지, A에는 문제가 없는지, 있다면 어떤 식으로 해결할 것인지, 더 좋은 방법은 없는지 꿰뚫어야 한다. 이런 것이 기반이 되면 상사에게 신뢰를 주는 것은 물론 설득이 쉽다. 보고의 사전적인 의미는 '일에 관한 내용이나 결과를 말이나 글로 알리는 행위'다. '당신의 지시를 잘 받아 적었습니다'라는 메모의 형태와는 분명하게 구분되어야 한다.

좋은 보고서 3원칙

1. A4 한 장
2. 직관적(본질에 충실)
3. 결론이 분명해야 함

※ 가장 효과적인 보고서는 언제나 상사의 요구에 부합하는 보고서다. 단, 기본
은 중요하다.

'○○○' 프로젝트
검토 보고

---

1. 결론 : A사 M&A를 통해 '○○○' 사업에 적극 진출해야 함

2. 이유 : 시장 성장성 및 당사 경쟁력 우위
- 매력적인 시장
  - 시장 규모 : 국내기준 연 5조 규모
  - 폭발적 성장성 : 매년 35% 이상 성장세(최근 3년 기준)
- 경쟁력 있는 당사 인프라
  - 인적자원 : ○○○사업 전문인력 30명 이상 보유
  - 유통망 : 기존 거래처를 통한 안정적 유통망 확보(협의 완료)
  - 자금력 : 사업확장을 위한 현금 유동성 충분

3. 방법 : A사 M&A를 통해 '○○○'사업에 진출하는 것이 당사
에 적합
- 법인 신규설립에 비해 M&A가 유리
  - 시장성은 매력적이지만 초기 진입비용이 매우 높음
  - 추가 전문인력 및 사업에 필요한 특허권을 함께 인수 가능
  - A사는 업계 2위로 안정적 시장 확보가 된 상태로 Risk 적음
- A사는 사업 확장을 위해 우호적 M&A에 적극적임
  - 지분 51% 취득을 통해 안정적 경영권 확보 가능

※ 첨부. ① '○○○' 사업 시장 규모 및 성장성 세부자료
② 당사 인프라 세부자료
③ 'A'사 현황 및 M&A 분석자료

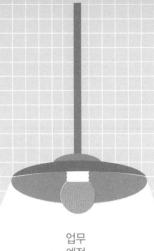

09

보고서 타이밍은
언제가
좋을까요?

보고서는 무조건 여유 있게 준비한다. 요청한 시간보다 2~3일 전이면 충
분하다.

아무리 좋은 보고서도 기한이 지나면 나쁜 보고서

어떤 일이든 타이밍이 중요하다. 업무를 아무리 잘해도 타이밍이 맞지 않으면 업무 놀이밖에 되지 않는다. 만약 회사의 세금이나 납부해야 할 요금을 내는 일이라면 기한을 반드시 지켜야 한다. 기한을 지키는 것은 잘한 것이 아니라 본전치기다. 기한을 넘기면 연체료가 발생하거나 회사에 불이익이 생긴다.

일을 잘한다는 평가를 받기 위해서는 정해진 납기일보다 먼저 납부금액에 대해 분석하고 요금 부과가 정당한지, 어떤 방법으로 납부할 것인지, 회사 출납에는 문제가 없는지 사전에 확인하는 것이 기본이다.

상사가 자료를 요청하거나 업무 지시를 하는 것도 같은 맥락이다. 예를 들어 상사가 월요일 임원 회의에 필요한 자료를 요청했는데, 회의가 끝나고 자료를 전달한다면 업무를 잘하고도 질책을 받을 일이다.

내용을 파악하고 수정할 수 있는 시간

회의 들어가기 직전에 보고하는 것도 좋은 소리를 듣기는 어렵다. 상사가 자료를 검토할 시간을 갖지 못하기 때문이다. 상사가 내용을 파악하고 수정할 수 있는 시간적 여유를 줘야 한다. 상사 입장에서 보고 내용이 좋지만 타이밍을 못 맞추는 직원과 보고 내용은 빈약하지만 여유 있게 보고하는 직원 중 어떤 직원이 더 필요할까?

여유 있게 3일 전에 보고하기

상사가 일주일간 출장을 떠나면서 복귀해서 바로 보고할 수 있도록 자료조사와 회사의 대응책 검토를 지시했다. 상사가 복귀하기 3일 전에 자료를 먼저 이메일로 보낸 후 지시한 자료를 보냈다고 알리는 것이 좋다. 수정사항이 있는 경우에는 피드백을 달라고 요청해야 한다. 복귀해서 바로 회의에 들어가야 한다면 누구든 자료를 검토할 여유가 없다. 미처 고려하지 못한 상황을 챙기고 여유 있게 보고하는 직원을 싫어 할 상사는 없다.

◆ 회사생활예절 문제 ◆ 1

**상사에게 중요한 업무지시를 받았다. 보고하기에
가장 좋은 타이밍은 언제일까?**

✅ 보고 기한보다 여유 있게 2~3일 전에 보고한다.
② 지시한 날에 정확하게 보고한다.
③ 내용에 충실하기 위해서는 기한을 넘겨도 괜찮다.

◆ 회사생활예절 문제 ◆ 2

당신이라면 어떤 직원에게 높은 점수를 줄 것인가?

✅ 완성되지 않았더라도 수시로 중간보고를 하는 직원
② 상사를 위해 작성이 완료될 때까지는 보고하지 않는 직원
③ 보고 기한을 넘기더라도 보고서의 완성도가 높은 직원

업무
예절

10

인정받는
보고서는
어떻게 써야 할까요?

특별한 경우가 아니라면 A4 한 장을 넘기는 보고서는 곤란하다. 업무를 제대로 파악하지 않았다거나 핵심을 짚지 못한다는 인상을 준다.

방대하고 늘어지는 보고서는 아웃

보고서의 기본은 간결함과 설득력이다. 제목 한 줄로 핵심을 전달하고, A4 한 장 이내로 설득력을 더해야 한다. 한 장의 보고서 뒤에 첨부하는 모든 자료는 보고서의 결론이 얼마만큼 신뢰성 있게 작성되었는지 검증 자료 역할까지 해야 한다. 만약 A4 한 장으로 정리할 수 없는 내용이라면 그것은 중요한 것이 전혀 없는 것과 같다. A4 한 장에 담을 수 있는 내용이어야 한다. 상사가 대신할 수는 없는 일이다. 보고서를 통해 상사가 알고 싶은 것은 장황한 설명이 아닌 결론이다. 몇 번을 읽어서 이해되는 늘어지는 보고서는 0점이다. 의사전달은 커녕 상사의 분노 게이지만 높일 뿐이다.

핵심이 없거나 논리가 빈약하면 말이 많아지는 것처럼 글로 쓰는 보고서도 마찬가지다. 여전히 여러 장의 보고서를 선호하는 상사들이 있기는 하지만 특별한 경우가 아니라면 A4 한 장을 넘기는 보고서는 인정받기가 힘들다. 업무를 제대로 파악하지 못했다거나 핵심을 짚지 못한다는 인상을 준다.

'핵심이 되는 한 줄→결론→결론에 대한 근거'로

직장인이라면 누구나 아는 사실이지만 회사라는 공간에서는 보고서 작성만 잘해도 능력을 인정받는다. 결국 업무는 보고(서)로 시작하고 보고(서)로 끝나기 때문이다. 제아무리 업무능력이 출중해도 이것을 표현하는 능력이 떨어지면 보고서 능력자에게 뒤처진다. 그만큼 한 장짜리 보고서는 직장생활에서 중요하다. 한 장짜리 보고서는 똑똑하면서 경제적이다.

또한 보고서의 수요자들이 한 장으로 업무 전체를 파악해 결정할 수 있도록 돕는다. 내가 만족하는 보고서가 아니라 보고서 고객인 상사의 관점에서 만족할 만한 보고서여야 한다. 세계 최고의 마케팅 기업으로 꼽히는 피앤지P&G가 1930년대부터 시행한 보고서 작성 원칙이기도 하고, 시장을 선도하는 대기업들이 오래전부터 지향하는 방법이기도 하다.

선배들의 보고서를 참고하기

중요성을 안다 해도 신입사원에게 보고서를 잘 쓰기란 쉬운 일이 아니다. 하지만 몇 가지만 주의하면 충분히 좋은 결과물을 만들어낼 수 있다. 먼저 학교에서 과제나 발표를 통해 학습했던 방법은 통으로 잊자. 비슷해 보이지만 상사에게 먹히는 보고서를 쓰는 일에 방해가 된다. 학교에서 배운 문서 작성법이 '서론→본론→결론'으로 이어지는 형식이라면, 회사는 '핵심이 되는 한 줄→결론→결론에 대한 근거'를 통해 역으로 풀어가는 방식이다.

A4 한 장의 보고를 잘하기 위해서는 책을 읽거나 인터넷을 뒤지는 것보다 선배들의 보고서를 통해 학습하는 것이 더 현명하다. 그 안에 모든 해답이 있다. 신입사원은 꾀를 내거나 창의적인 방법을 찾기 전에 선배들의 보고서를 통해 배우는 것이 좋다. 자신이 생각할 때 완벽한 보고서도 회사의 문화에 맞지 않거나 상사에게 먹히지 않는다면 좋은 보고서가 될 수 없다.

힘 있는 보고서의 기본

① 내용을 한눈에 파악할 수 있는 제목
② 결론
③ 결론을 주장하는 근거(인과관계를 분명하게)
④ 문제 유/무 및 대안
⑤ 상사의 의도와 취지를 반영
⑥ A4 한 장

※한 장을 맞추기 위해 글자 크기나 자간을 줄이는 꼼수는 금물이다.

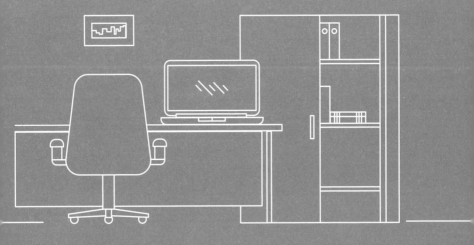

07

회의
예절

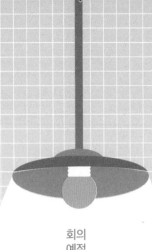

회의
예절

01

회의실 준비와
정리는
누가 하나요?

회의실 준비와 정리는 보통은 일이 많이 없는 막내들이 한다. 꼭 막내가 아니
어도 조직 분위기 따라 업무 능력을 인정받고 싶다면 그 사람이 하면 된다.

담당 없는 일을 챙기는 센스

결론부터 말하자면 업무능력을 인정받고 싶은 사람이 하는 것이다. 회의의 중요성을 인식하지 못하거나 허드렛일로 생각해서 이런 기회를 놓치는 직장인들이 많다. 사실 회사 일은 지시를 받아서 해야 하는 일과 스스로 알아서 해야 하는 일이 있다. '이걸 꼭 내가 해야 하나요?'라는 생각이 드는 일 중 대부분은 신입사원이 해야 하는 일들이 많다. 그렇다고 회사는 신입사원을 배려해 세세하게 알려주지도 않는다. 생각하기에 따라 담당이 없는 이런 사소한 일을 챙기면 빠릿빠릿한 사람으로 보이고 센스 있는 직원이라는 인상을 남긴다.

회의 자료는 인원수대로 준비한다

일반적인 경우, 회의가 시작되기 전에 회의 자료를 공유한다. 회의에 참석하는 인원수만큼 자료를 출력하거나 복사해서 준비한다. 자료가 준비되면 회의 시작 전에 회의실 테이블 위에 올려놓고, 중요한 내용에는 포스트잇으로 표시해놓는다면 센스 만점이다.

펜과 메모지를 준비한다

대부분의 직원들은 직접 펜과 노트를 준비해서 들어온다. 그러나 미처 준비하지 못하고 회의에 참석한 동료가 있을 수 있다. 필기도구를 준비하지 못한 동료들에게 준비된 펜과 메모지는 고마움의 대상이다. 이런 상황까지 고려한 준비성은 센스이기도 하지만 결국 업무능력이 된다.

음료 준비는 기본이다

회의 전에 선임에게 어떤 음료를 준비할지 질문하고, 회의 전에 참석자들의 자리에 올려놓는 것이 좋다. 만약 회의에 참석하는 상사가 커피를 마시지 않는다면 다른 음료를 준비하는 것 역시 센스다.

이 세 가지가 회의 전에 준비되지 않으면 회의가 진행된 상태에서 준비해야 하는 상황이 발생한다. 그럼 회의 내용 중 일부를 듣지 못하고 회의록을 작성해야 하는 아이러니한 상황을 맞는다. 별도의 지시가 없더라도 사전에 챙기는 것이 좋다. 회의 참석자들을 위해 회의를 챙기는 일은 결국 자신을 위한 일이 된다.

회의가 끝나면 회의실을 정리한다

회의가 끝나면 정리하는 것도 보통 막내의 몫이긴 하지만 업무 능력을 인정받고 싶은 사람이 하면 된다. 허드렛일이라고 생각할 수도 있겠지만 대체로 회사원에 대한 업무평가는 이런 사소한 일에서 이루어진다. '이런 것까지 해야 하나요?'라고 생각이 들면 그렇다. 이런 것까지 해야 한다. 시켜서 마지못해 할 것인지 스스로 돋보이면서 할 것인지만 선택하면 된다.

반드시 회의록을 작성한다

회사에 따라서는 회의 주도자가 회의록을 작성하기도 하지만, 그런 경우가 아니라면 막내가 회의록을 작성해서 참석자들에게 이메일 등을 통해 공유한다. 꼭 막내가 아니어도 업무 파악을 위해 회의록을 작성하는 일은 회사생활에 도움이 된다. 이런 것을 챙기는 사람은 언제나 업무의 주도권을 갖기 때문이다. 기억하는 사람과 기억하지 못하는 사람 사이에서 항상 기억하는 사람이 우위를 점한다는 사실을 잊지 말자.

회의 시 자리배치

① 1자 배치 형태

② ㄷ자 배치 형태

③ 원형 배치 형태

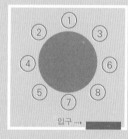

④ PPT를 할 때 배치 형태

※ 일반적으로는 출입문을 바라보는 곳이 가장 상석이다. 주주총회나 이사회를 할 때 참고하면 좋다. 중요한 고객사와 미팅을 하는 경우라면 '①1자 배치 형태'가 가장 이상적이며, '1'번 자리는 고객사에게 양보하는 것이 비즈니스 매너다.

회의
예절

02

회의할 때
신입사원이
발언해도 되나요?

상사나 동료들의 결정이 불합리하거나 마음에 들지 않는다면 발언해야 할
타이밍에 의견을 주장하고, 주장이 잘 먹히지 않는다면 설득력 있는 논지를
펼치는 법을 배워야 한다.

타이밍이 늦은 의견은 좋은 의견이 아니다

회의 시에는 발언해야 할 때와 하지 않아야 할 때를 구분하는 것이 좋다. 의견을 나눌 때는 치열해야 하지만 회의를 통해 결정된 사항을 따르는 것은 기본이다. 만약 회의할 때는 일언반구도 없던 직원이 결정 이후에 역설을 펼치거나 반론을 제기하면 상사로서나 동료로서나 짜증이 난다. 이런 행동은 상사가 해도 팀원이 해도 문제다. 그런 상황을 반길 사람은 없다. 아무리 좋은 아이디어라도 결정된 사안에 대해서는 발언하지 않는 것이 좋다. 타이밍이 늦은 의견은 좋은 아이디어라고 하기 어렵다. 좋은 아이디어라고 해서 무조건 행동으로 옮길 수 있는 것도 아니다. 의견을 내는 것과 실행하고 결과를 만드는 것은 다른 일이다.

실무자들이 상사에게 불만을 갖는 한 가지는 '이 당연한 것을 왜 저렇게 결정하지?'라는 것이다. 그러나 회사에서 벌어지는 일 중 당연한 것은 아무것도 없다. 그렇게 당연한 일이라면 자신에게 발언권이 있을 때 상사나 동료를 충분히 설득해야 한다. 논리나 근거가 빈약해 설득하지 못했다면 그것은 당연한 일이 될 수 없다. 업무나 특정 프로젝트의 중요한 부분을 결정하는 것은 상사의 몫이고 권한이다. 상사는 상사에게 주어진 역할에 충실해야 하고, 실무자는 실무자에게 주어진 권한에 충실해야 한다. 실무자가 리더인 양 오버하는 것은 바람직하지 않다. 서로 역할의 경계를 지키면서 발언해야 회사라는 공동체는 한 방향으로 움직인다.

발언을 잘하는 것도 능력

자신과 견해가 다르더라도 동료들이 열띤 토론을 거쳐 결정한 것이라면 반론을 제기하지 않는 것이 예의다. 결정된 사안에 대해 늘 반론을 제기하면 상사나 동료들에게 '나는 당신의 지시를 따르지 않겠습니다', '나는 그 업무를 하지 않겠습니다'라고 비친다. 발언을 잘하는 것도 타이밍을 맞추는 것도 업무 능력이다. 상사나 동료들의 결정이 불합리하다면 발언해야 할 타이밍에 의견을 주장하고, 주장이 잘 먹히지 않는다면 설득력 있는 논지를 펼쳐야 한다. 상사나 동료들은 바보가 아니다. 누가 봐도 정답인 것을 회피하거나 피해야 할 일을 추진할 만큼 무지하지 않다. 실무자의 역할은 근거를 가지고 설득력 있는 발언을 하는 것까지다. 이 사실을 잊으면 문제가 생긴다. 상사는 여러 의견을 고려해 버릴 것은 버리고 취할 것은 취하는 전략적인 선택을 할 뿐이다.

어떤 경우에도 상사의 발언 이후에 '그건 아니구요', '그것보다는'이라는 발언은 존중받기 어렵다. 자신이 생각하는 것이 너무 당연한 일이거나 좋은 아이디어이고, 행동으로 옮기는데도 문제가 없다고 해도 발언할 수 있을 때 해야 아이디어로써의 효용성이 있다. 결정이 끝난 이후에 하는 발언은 사설이고 설레발일 뿐이다. 게다가 소심한 상사라면 자신을 무시한다고 여길 위험도 있다. 무엇보다 이런 행동과 발언을 반복하면 진짜 좋은 아이디어를 이야기해도 무시당한다.

신입사원의 발언 타이밍은?

신입사원에게는 발언 기회가 없는 경우가 많다. 그렇더라도 회의 주제에 대해 충분히 학습하고 참석해야 한다. 발언할 내용까지 준비해서 발언 기회를 얻었을 때 의견을 낼 수 있어야 한다. 좋은 의견이 있다면 자진해서 의견을 발표해도 된다. 다만 의견은 짧고 명확해야 하며, 횡설수설하지 않아야 한다. 발언 타이밍은 선배들의 발언이 끝나고 소강상태에 접어들었을 때가 좋다. 다만 결론에 다다른 상태에서는 발언하지 않는 것이 좋다.

회의
예절

03

회의 내용을
사전에 공유해야
하나요?

효과적인 회의를 위해 중요한 것은 바로 공유다. 공유는 사전 공유와 사후 공
유가 함께 이루어져야 한다. 회의는 최소 4~5일 전에 공지하고, 목표, 문제
점, 회의 자료, 업무분장 내역, 회의록, 추적 관리까지 공유한다.

일 잘하는 선배의 회의 원칙

신 부사장은 내가 20년간 직장생활에서 만나본 리더 중 회의를 가장 잘 활용한 사람이다. 그에게는 회사에는 존재하지 않는 회의 원칙 세 가지가 있었다. 첫째, 명확한 회의 주제다. 어떤 이유로 회의를 하는지, 회의에서 얻고자 하는 결론이 무엇인지가 분명했다. 둘째, 모든 사람이 발언해야 한다는 원칙이다. 토론할 때 격론을 벌이는 것은 인정하지만 침묵은 인정하지 않았다. 셋째, 일에 대한 성과는 모두 함께 나눈다는 원칙이다. 그것에 더해 책임에 대한 부분도 분명히 했다. 책임도 함께 지는 것이 타당하지만 업무 책임에 대해서는 결정권자인 자신이 지겠다는 내용을 분명히 했다. 자신이 책임을 지는 만큼 결정사항에 대해서는 한 방향으로 나가야 한다는 것이 유일한 조건이었다. 팀원들은 따르지 않을 이유가 없었다.

사전 공유의 힘

신 부사장이 회의 경영으로 효과를 거두었던 중요한 이유가 있다. 그것은 바로 공유 서비스다. 공유는 사전 공유와 사후 공유가 함께 이루어졌다. 회의는 최소 4~5일 전에 공지하고, 목표, 문제점, 회의 자료, 업무분장 내역, 회의록, 추적 관리까지 공유했다.

만약 사전 공유나 사후 공유가 없었다면 회의를 위한 회의 형식을 탈피하지 못했을 것이다. 신 부사장은 회의를 통해 성과를 낼 수 있었던 가장 큰 이유로 막내 직원의 역할을 우선으로 꼽았다. 회의 경영에 대한 그림은 자신이 그렸지만 그 모든 과정에서 성과를 낼 수 있도록 주도적으로 움직인 사람은 막내 직원이었기 때문이다. 시간이 흘러서 신 팀장은 부사장이 되었고 막내 직원은 빠른 승진을 거듭했다. 리더 스스로 회의를 챙기는 방법이 가장 좋지만 리더는 현실적으로 시간적 여유가 많지 않다.

　회의도 하나의 경영이고 회의의 핵심은 공유에 있다. 크게는 회사에, 작게는 부서나 팀의 경영에 기여하는 일이다. 지시가 있다면 당연히 해야겠지만 챙기는 사람이 없다면 막내 직원이 챙기는 것이 좋다. 앞에서 말한 단순한 회의 준비를 넘어 회의 경영을 챙기는 일이다. 회의를 챙기려는 목적과 이유를 설명하고 질문하는 직원을 괘씸하게 생각하는 상사는 없다. 또한 회의를 챙기다보면 세 가지 유익이 있다.

　첫째, 업무를 빨리 배운다.
　둘째, 소통의 달인이 된다.
　셋째, 업무에 대한 주도권을 쥔다.

　회의 내용을 처음부터 끝까지 기록으로 관리하는 사람은 모든 업무 스토리를 손에 쥐고, 얼마 지나지 않아 업무의 주도권도 가진다. 회의를 처음부터 끝까지 챙기는 실력자가 많지 않은 이유다.

회의 공유를 위해 챙겨야 할 것들

① 회의 일시
② 회의 목적
③ 회의에서 얻고자 하는 결론
④ 회의록
⑤ 업무분장 내역
⑥ 참석대상/참석자
⑦ 회의내용 추적 관리(진행사항 관리)

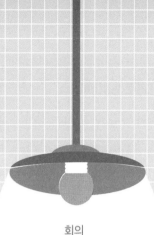

회의
예절

04

회의할 때
침묵하면
안 되나요?

침묵은 때로 오해를 부른다. 그리고 조직에서 침묵은 단점으로 작용한다.

회의에서 침묵은 무성의로 느껴진다

침묵에는 두 가지 침묵이 있다. 한 가지는 상사의 강압적인 카리스마에 눌려 침묵하는 경우고, 다른 한 가지는 의사 발언을 해야 함에도 입을 다무는 경우다. 첫 번째 경우라면 불합리한 분위기에 압도되어 어쩔 수 없다 하더라도, 그런 이유가 아닌 상황에서의 침묵은 업무에 대해 무성의로 느껴질 수 있다. 동시에 어떤 것을 결정할 때 침묵은 동의로 인식된다. '후배직원님, 제발 한 마디라도 의견을 말해주시겠습니까?'라고 배려하는 상사나 조직은 어느 곳에도 존재하지 않는다.

침묵은 때로 오해를 부른다

회의는 기본적으로 공동체 의식을 가지고 함께 만들어 나가는 것이 마땅하다. 하면 좋은 것이 아니라 당연한 일이다. 상사가 일방적으로 '답정너' 식 회의를 하는 것이 아니라면 회의 주제를 같이 고민하고 논의에 참여해야 한다. 단지 자리를 채우기 위해 참석한 것으로 착각해서는 곤란하다. 회의는 목적이 있고 어떤 것을 결정하거나 더 좋은 방법을 찾거나, 문제점이 있는 경우 대안을 모색해야 하는 경제적인 시간이다. 발언하지 않는 것이 묵묵히 따르겠다는 의사 표현이라 할지라도, 그것을 상대가 알 수 있도록 표현하는 것이 직장인으로서의 공적 예절이다. 회의 참석자들은 침묵하는 동료가 회의 내용을 모르는 것인지, 논의 내용에 문제가 있다고 느끼는 건지 알 수가 없다.

회의도 분명히 업무다. 한 사람의 침묵은 조직에서 단점으로 작용한다. 똑똑한 한 사람보다는 한 명 한 명의 구성원들이 머리를 맞대어야 창의적인 아이디어가 창출된다. 침묵은 그것을 막는 행동인 동시에 무임승차하는 일이기도 하다. 침묵하면 리더로서는 결정이나 의도가 정확하게 전달됐는지 파악하기도 어렵다.

자주 회의에서 침묵하는 사람은 자신으로 인해 업무가 제대로 실행되지 않을 수 있다는 사실을 기억해야 한다. 침묵하는 것이 자신에게는 편한 방법일지 모르지만 회사나 동료들에게는 피해가 되는 행동이 될 수 있다.

회의 자리에서 침묵 시 주의사항

- 동의한다는 의미의 침묵이라면 동의한다는 의견이라도 낼 것.
- 의견이 없거나 발언하기 힘들어서 침묵하는 것이라면
  회의 전에 의견을 생각하고 메모해올 것.

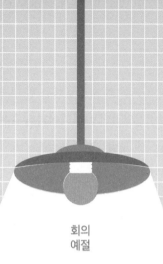

05

의미 없는 회의,
바꿀 수
있을까요?

회의에서 누구나 만족할 수 있는 최적의 안을 끌어내는 것도 중요하지만 더
중요한 것은 상사의 책임 있는 신속한 의사결정이다. 의미 없는 회의는 안
하는 게 낫다.

회의에 필요한 상사는

회사에서 리더의 역할이 중요하다는 것은 몇 번을 강조해도 지나침이 없다. 모든 업무가 마찬가지지만 회의다운 회의가 가능한지 불가능한지는 리더의 행동에 달려 있다. 과거와 비교하면 관계의 벽이 많이 허물어졌지만 상사는 여전히 직원들에게 어려운 존재다. 상사의 한 마디 한 마디가 직원들의 행동에 영향을 끼친다.

예를 들어 한 팀에서 중요한 프로젝트를 결정하기 위해 한 달 동안 마라톤 회의를 했다. 긴 시간 동안 서로 의견을 내고 머리를 맞대어 결론을 냈다. 그러나 퇴근길에 '그건 A로 해'라는 오너의 말 한 마디면 그 한 달이라는 시간은 통째로 날아간다. 회의에서 창의력이나 아이디어를 얻는 것도, 업무지시 창구 같은 의미 없는 회의를 하는 것도 결국은 리더의 선택에 달려 있다.

회의를 회의답게 만드는 중요한 것

회의를 회의답게 하기 위해 상사가 해야 하는 역할은 악역이 아니라 퍼실리테이터Facilitator(조력자)의 역할과 결정권자의 역할이다. 그 이상을 하면 직원들은 회의 자체를 신뢰하지 않는다. 한 번 무너진 신뢰를 회복하는 것은 어렵다. 상사가 의견을 주장하고, 별다른 반론이나 의심도 없이 형식적인 의견 몇 개를 듣고 자기 생각을 밀어붙이는 제왕적 회의를 주도할 목적이 아니라면 구성원을 배려하는 회의가 되어야 한다. 천재 한 명보다 보통 사람 열 명이 더 나은 결론을 얻게 한다. 회의에 필요한 상사는 세상 모든 정답을 알고 있는 사람이 아니라 직원들이 회의에서 의견을 서슴없이 발언할 수 있게 만드는 상사다.

　꽤 많은 리더들이 자신이 주도하는 회의는 건강하다고 생각한다고 한다. 그런 이유로 문제점이 생기면 원인을 구성원들에게서만 찾는다. 하지만 구성원들은 회의를 의미 없다고 생각하는 경우가 많다. 단순히 상사의 주장만 듣는 형식적인 회의에서는 회의의 의미를 찾지 못하기 때문이다.

듣는 회의에서 발언하는 회의

　회의를 회의답게 만들기 위해 필요한 것이 많지만 그중 두 가지는 상사가 가장 신경 써야 하는 부분이다. 한 가지는 회의를 할 때 구성원들을 배려하는 일이다. 직원들의 발언 중 의미 없어 보이는 발언이나 승인할 수 없는 발언에도 정중한 거절이 필요하다. 고압적이거나 무시하는 형식이라면 발언한 사람도, 그 모습을 지켜보는 구성원도 다시 입을 닫아버린다. 자신의 의도와 관계없이 직원들의 입을 막아버릴 수 있다.

　또 한 가지는 결정하는 일이다. 당연한 말이지만 업무의 결정권은 상사에게 있다. 어떤 업무든 상사가 불확실한 모습을 보이면 구성원들은 각자 다른 해석을 한다. 상사의 확신 없는 행동을 보면서 공격적으로 업무를 수행하는 일은 쉽지 않다. 한 방향으로 가면서 좋은 결과를 원한다면 상사의 신속한 결정은 선택이 아니라 필수다.

결론 없는, 의미 없는 회의는 이제 그만

직장인들이 직장 내 회의가 의미 없다고 생각하는 이유는 회의에 결론이 없기 때문이라는 의견이 많다. 회의를 통해 방향이나 의도를 확정하는 것이 아니라, 서로 간의 입장 차만 확인하고 어설프게 마무리를 지어버리는 경우가 많다. 이런 상황이면 일의 효율성이 올라가는 것이 아니라 오히려 효율성이 더 떨어지고 분란만 생긴다.

회의에 주도권을 가지고 결정을 해야 하는 상사가 분명한 의사결정을 미루기 때문에 생기는 현상이다. 누구나 만족할 수 있는 최적의 안을 끌어내는 것도 중요하지만, 상사의 책임 있고 신속한 의사결정은 더 중요하다.

회의가 길어질 때 주의점

- 회의가 어느 정도 길어지고 지체되면 그때부터 시간을 정해 그 안에서 결정할 것.
- 답 없는 회의가 이어진다면 회의를 이어갈 것인지, 다음에 할 것인지 조직원들에게 의견을 구할 것.

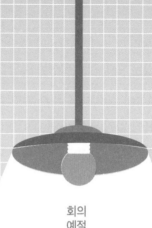

회의
예절

06

퇴근 직전 회의,
매번 참석해야
할까요?

퇴근 직전에 회의를 소집하는 상사는 최악의 상사다. 이런 회의는 직원들의 마음을 피폐하게 만들고 일 잘하는 사람의 업무 능력까지도 바닥을 치게 만든다.

조직을 망치는 회의

퇴근시간에 회의를 소집하는 상사는 구성원들에게 최악의 상사다. 근태를 지키지 않는 직원을 가장 개념 없이 바라보는 상사의 마음과 똑같다. 이런 행동을 서슴없이 해왔다면 자신도 모르는 사이 당신을 개념 없는 상사로 인식하고 있을 것이다. 직원들을 불행하게 만드는 이런 회의에서 참신한 아이디어를 기대한다는 것은 애초부터 모순이다.

회의를 망치는 것을 넘어 조직을 망치는 회의 행태가 있다. 이런 회의는 직원들의 마음을 피폐하게 만들고 일 잘하는 사람의 업무 능력까지도 바닥을 치게 만든다.

첫째, 어떤 내용인지 모르고 무작정 참석해야 하는 회의
둘째, 끝날 듯 끝나지 않는 시간 개념 없는 회의
셋째, 시도 때도 없이 소집하는 무분별한 회의

퇴근 직전 회의는 모두에게 최악

S 기업 기획팀은 회사에서 능력자들이 모여 있는 팀이다. 오너의 신임을 받는 조 부장이 각 부서에서 가장 인정받는 직원들만 불러 모아 꾸렸다. 그러나 팀이 출범한 지 얼마 지나지 않아 성과가 가장 낮은 팀으로 전락했고 팀의 업무 전투력조차 바닥이다. 상사의 급한 지시가 있어도 빠릿빠릿하게 움직이지 않고, 지시하는 일을 기한에 임박해서 결재를 올리거나 기한을 넘기기 일쑤다. 게다가 상사에 대한 기본적인 예의조차도 바닥이다. 타 부서 동료들과

의 술자리에서 상사에 대한 뒷담화도 거침이 없다.

조 부장은 이런 직원들의 행태에 개념이 없다고 광분을 한다. 가장 핵심부서에 근무하는 직원들의 업무 수준이 바닥이고 상사를 존중하는 마음이 없는 것도 괘씸하지만 무엇보다 업무 욕심이 없는 직원들에게 울화가 치민다. 조 부장은 일 욕심이 많은 사람이다. 그런 이유로 직원들과 소통을 하기 위해 수시로 회의를 소집한 것이다.

내용도 없고 사담뿐인 회의는 그만

하지만 직원들의 생각은 조 부장과 다르다. 조 부장은 직원들이 퇴근 준비를 할 때쯤 '모두 모여 봐'식의 회의와 '20분 있다가 회의할 거니까 한 사람도 빠지지 말고 다 모여'라는 말을 서슴지 않고 해왔다. 게다가 회의에는 주제도 내용도 없고 사담이 8할 이상이다. 마치 집에 들어가기 싫어서 직원들을 붙잡아놓는 사람처럼 보였다.

직원들 입장에서는 특별한 일이 없어도 회의를 빠지기가 어렵다. 퇴근 이후 개인적인 일정으로 양해를 구하기라도 하면, 중요한 업무 회의에 빠지는 개념 없는 사람으로 분위기를 몰아갔다. 일 욕심이 있는 상사가 문제일까? 일 욕심 없는 직원들이 문제일까?

개념 없는 상사가 개념 없는 직원을 만든다

사실 조 부장의 회의 형태는 바람직하지 않다. 앞에서 말한 조직을 망치는 세 가지 회의 행태를 모두 담고 있다. 특별히 인성에 문제가 있는 사람이 아닌 이상, 후배직원이 상사에게 예의를 지키지 않는 경우는 드물다. 조 부장 팀의 경우에는 구성원들이 상사를 존중하지 않는 것이 아니라, 상사로서 직원들을 전혀 고려하지 않아 스스로 자초한 일이다.

직원들이 실력이 있다 해도 능력을 키우고 판을 키우는 것은 상사의 능력이다. 실력 없는 직원도 일을 잘할 수 있게 만드는 것이 능력이지, 실력 있는 직원들을 데려다가 성과를 내는 것은 능력이 아니다. 실력 있는 직원들을 데려다가 하향 평준화시키는 것은 상사의 잘못이다.

진짜 중요한 일, 진짜 급한 일이 아니라면 퇴근 시간 무렵에 소집하는 회의나, 퇴근 시간을 훌쩍 넘기는 회의는 자중하는 것이 좋다. 이런 일이 잦아지면 직원들도 내성이 생기기 때문에 상사의 생각과 반대로 움직인다. 급한 일도 급하게 생각하지 않고, 퇴근 시간이 되면 인사조차 하지 않고 퇴근하는 개념 없는 행동까지 한다. 뭐든 한 번이 어렵지 두 번부터는 쉽다. 좋지 않은 조직 문화를 스스로 만드는 것은 무능력을 시인하는 일이다.

◆ 회사생활예절 문제 ◆

상사가 퇴근 시간만 되면 회의를 소집한다. 직원들의 속마음은 어떨까?

① 중요한 일도 아닌데, 왜 퇴근 시간에 회의를 소집하는 거야.
② 오늘도 부부싸움 했구나.
③ 아내 생일이어서 식사 약속이 있지만 개인사보다는 회사가 중요하니까 당연히 회의에 충실해야지.

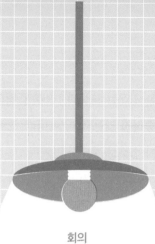

07

회의 시간,
애티튜드가
있나요?

회의 목적이 건설적인 논의나 결과를 만드는 일이라면 상사는 자신이 주관하
는 회의에 스스로 문제점이나 개선점이 없는지를 돌아봐야 한다.

직원들이 회의가 불필요하다고 느끼는 이유

업무를 지시할 때와 마찬가지로 회의를 진행할 때 상사의 발언은 영향력이 크다. '답정너'의 업무 지시가 직원들의 입을 틀어막고 의욕을 떨어뜨리는 것처럼, 회의에서 우격다짐으로 사용하는 상사의 발언은 좋은 아이디어를 얻을 모든 기회를 차단해버린다. 회의에서 그런 패턴이 반복되면 상사 스스로 대화를 독점하는 것은 불보듯 뻔한 일이다. 상사의 의견이 좋아서 따르는 것과 잘못된 것을 알아도 그냥 따를 수밖에 없는 것을 구분하는 것도 불가능해진다. 직장인 절반 이상이 회의가 불필요하다고 느끼는 이유로 상사의 일방적인 주장을 꼽았다.

일방적인 주장은 독

K 상사의 서 대리는 상사의 회의 소집이 귀찮을 정도로 싫다. 처음에는 회의에 참석해서 의견을 제시하려고 자료를 찾아보거나 문제점을 분석해보는 등 열정적이었지만 지금은 아무 생각 없이 참석한다. 회의 참석을 위해 뭔가를 준비한다는 것 자체가 시간 낭비이기 때문이다. 자신뿐 아니라 참석자들이 나름 준비해서 의견을 내도 무시하거나 상사의 의견만 밀어붙이는 식이다. 또 의견을 내지 않으면 의견을 내지 않는다는 이유로 질책을 당한다. 게다가 상사가 주장하는 바는 어떤 근거나 논리에 바탕을 둔 것이 아니라 불도저 같은 카리스마로 밀어붙이는 식이다. 도대체 어느 장단에 맞춰야 하는지, 밀린 업무도 많은데 군이 이렇게 의미 없는 회의에 참석해야 하는지 의문까지 들었다. 그래서 찾은 방법

이 아무 생각 없이 회의에 참석하는 것이다.

자기주장만 펼치는 상사는 참석자들이 불만을 가진 회의라도 유익한 회의라고 느낀다는 보고서가 있다. 이런 현상을 '회의 과학' 연구자 스티븐 G. 로겔버그는 회의를 독점적으로 주도한 상사는 다른 참석자들에 비해 회의를 더 긍정적으로 평가하는 경우가 일반적이라고 말한다. 회의에서 말을 많이 했거나, 자기주장을 관철한 사람일수록 회의 경험이 좋았다고 생각할 가능성이 높았다.

효과적인 회의 에티튜드

로겔버그는 효과적인 회의를 위해서는 회의의 어떤 점이 잘 되고 있고, 잘못되고 있는지, 개선할 것은 없는지 끊임없이 질문해야 한다고 말한다. 하지만 현실적으로 이를 파악하려고 노력하는 상사는 드물다. 게다가 상사가 독단적이라면 직원들은 진실을 말하지 않는 경향이 있다.

회의에도 두 종류가 있다. 한 가지는 자신의 결정사항을 설명하고 이해를 구해서 한 방향으로 끌고 가는 회의, 또 회의를 통해 좀 더 나은 결론을 얻기 위한 회의. 후자의 경우라면 상사는 자신의 주장을 강하게 어필하거나 자신의 주장만을 답으로 정해서는 곤란하다. 원하는 목적을 이루지 못하는 것은 물론, 참석자들의 시간을 낭비하는 일이다.

우기기 꼰대의식 버리기

회의 목적이 건설적인 논의나 결과를 만드는 일이라면 상사는 자신이 주관하는 회의에 스스로 문제점이나 개선점이 없는지를 돌아봐야 한다. 참석자들이 해결할 수 있는 문제가 아니다. 조직문화에 문제가 있다면 상사 혼자 해결할 수 없지만, 회의에서만큼은 주관하는 리더가 책임을 져야 한다.

회의 참석자들이 자신의 의견이 반드시 채택되어야 한다고 밀어붙이는 경우는 많지 않다. 그럼에도 불구하고 참석자들의 의견이나 아이디어는 중요하다. 생각하지 못했던 묘수를 찾아낼 수도 있다. 어디까지나 상사의 열린 마음이 전제되어야 가능한 일이다.

상사가 '우기기 꼰대의식'을 버리면 회의 참석자들이 자신의 의견이나 소신을 말하지 않을 이유가 없다. 업무 지시를 위한 회의인지, 논의를 통해 좋은 결론을 얻고자 하는 회의인지부터 분명히 할 필요가 있다.

◆ 회사생활예절 문제 ◆

좀 더 좋은 방향을 찾기 위해 회의를 한다.
어떤 회의가 바람직한 회의일까?

① 자유로운 주장을 통해 논의하고, 의견을 종합해서 결론을 정한다.
② 후배들은 경험이나 지식이 부족하므로 상사가 정답을 알려준다.
③ 결정권자가 상사이므로 후배들의 의견은 중요하지 않다.

회사생활예절 기출문제

(상사용)

---

1. 인사하는 직원에 대한 상사의 바람직한 자세는?

✓① 상대의 인사를 받는 것은 당연한 일이다.

② 기분이 좋지 않을 때는 안 받아도 된다.

③ 아끼는 후배의 인사만 받아도 충분하다.

④ 마음만 받으면 된다.

2. 업무를 마치고 정중하게 인사한 후 퇴근하는 직원에 대한 상사의 반응으로 올바른 것은?

✓① 수고했다고 말해준다.

② 퇴근 인사로 일처리를 다했는지 묻는다.

③ 직원이 퇴근하기 전에 급히 회의를 소집한다.

④ 같이 저녁 먹자고 한다.

3. 인사를 받아야 하는 상황을 모두 고르시오.

✓① 직원이 출근해서 하는 인사

✓② 직원이 복도에서 하는 인사

✓③ 직원이 퇴근하면서 하는 인사

✓④ 지각한 직원이 하는 인사

4. 상사의 업무 지시 방법으로 옳은 방법을 모두 고르시오.

✓① 육하원칙으로 분명하게 지시한다.

✓② 업무 처리기한을 정해준다.

③ 알아서 하게 내버려둔다.

④ 생각나는 것은 그때그때 지시한다.

5. 지시한 업무에 대해 중간보고를 하는 직원을 대하는 방식으로 바람직한 행동은?
① 중간 보고 내용에 대한 피드백을 해준다.
② 한번 지시한 내용에 대해서는 묻지 말라고 한다.
③ 상사의 속마음을 아는지 시험한다.
④ 보고는 결과보고만 하라고 지적한다.

6. 회의에서 직원이 발언할 때 상사의 바람직한 자세는?
① 회의를 빨리 끝내기 위해 최대한 의견을 주고 받지 않는다.
② 자유롭게 의견을 말하게 한다.
③ 내 의견과 다를 때는 조용히 시킨다.
④ 쓸데없는 이야기는 하지 말라고 한다.

7. 후배직원에 대한 호칭으로 옳은 것은?
① 김 대리, ○○○ 씨
② 야
③ 너
④ 자기야

상사 예절에 대한 ○/× 문제

6. 직원의 인사를 받지 않아야 상사의 권위가 올라간다.   (×)
7. 리더의 분명한 지시는 성과와 관련이 있다.   (○)
8. 상사보다 먼저 퇴근하는 것은 근무태도가 불량한 행동이다.   (×)
9. 책임은 내가 질 것이므로 답정너의 지시는 마음대로 해도 된다.   (×)

10. 지시도 책임도 전적으로 상사의 몫이다.   (○)
11. 상사보다 늦게 출근하는 직원은 근무태도가 불량한 것이다.   (×)
12. 상사가 낸 의견에 토를 다는 것은 이유를 막론하고 용인할 수 없다.   (×)
13. 상사는 답정너의 지시와 그렇지 않은 지시를 분명히 해야 한다.   (○)